Nagari
Colección holarasca

Las noventa Habanas
Primera Edición 2019/First Edition 2019

DR © Dainerys Machado Vento

Fotografía de portada: Sin Título, Cuba DR © by Eduard Reboll

DR ©Published by katakana editores 2019

Editor: Omar Villasana
Diseño: Elisa Orozco
DR © Fotografías de interiores: Eduard Reboll

ISBN: 978-1-7341850-0-3

katakana editores corp.
Weston FL, 33331
✉ katakanaeditores@gmail.com

Dainerys Machado Vento

Las noventa
Habanas

COLECCIÓN
holarasca

katakana
editores

Índice

A Lala Santos, el mejor personaje

Por una botella de ron

Para Arellano, salud.

SACÓ LA LENGUA Y LE SACUDIÓ ENCIMA LA botella. No cayó una gota de nada. Cada vez que hacía ese gesto su lengua parecía tener vida propia, se retorcía en el aire, entrenada en la tarea de absorber los restos del alcohol que había desaparecido. Cada vez que hacía ese gesto era señal de que estaba totalmente borracha.

Después solía asomarse a alguna ventana y desde allí empezaba a maldecir a quien le pasara por delante. "Cooojo tú eres tremendo mamalón". "Sariiita puta". "Yo me cago en el coño de tu madre singao". Su repertorio era vastísimo. Daba igual si conocía o no a la gente, al final, tampoco se habría acordado de nadie. Ni de ella misma. Pero ese día todo fue diferente. Cuando su lengua se convenció de que en la botella solo quedaba vacío, su cuerpo no amagó por irse a la ventana. Me miró a los ojos y recuerdo que me sorprendió cierta sobriedad en su voz cuando dijo "vamos a hacer algo juntas flacundenga. Vamos a robarnos una botella de ron".

Yo tenía once años y tremenda vocación por la aventura. Quería ser bombera y como no tenía idea de que Valentina Tereshkova había viajado al espacio, presentía que yo estaba destinada a ser la primera mujer astronauta. Los acontecimientos de los que uno no se ha enterado permanecen intactos en la imaginación, como si nunca hubiesen sucedido. Así que acepté enseguida su propuesta, aunque yo no tomara ron y tuviera tremendo hueco en el estómago porque no había comido nada desde la noche anterior.

En cuanto salimos a la calle, me agarró una mano. Por la fuerza del apretón supe que la sobriedad de su voz había sido un espejismo. Ella era puro alcohol. Esa frase ("ella es puro alcohol") la había inventado años atrás, cuando aún me divertía verla trastabillar con sus propios pies y escuchar su lengua tropezosa intentando recitar unos *Versos Sencillos* de José Martí. Con el tiempo la situación se volvió verdaderamente tediosa, sobre todo por la rabia que comenzó a desatarse en ella cada vez que se tomaba tres tragos y porque sus borracheras se volvieron cotidianas.

Y allí estábamos, haciendo el ridículo en plena calle, como tantas otras veces. Caminábamos en zigzags bajo un agotador sol de agosto, hasta que nos tropezamos de frente con María. Ella le dijo a media voz "María troncoetortillera". Era a la única vecina que a mí me daba placer que ofendiera, sobria o borracha. "María puta, María roba maridos, María singá", pensé yo que no tenía un rosario de insultos tan vasto pero que odiaba a María más que ella. La ofendida, sin embargo, cumplió con el ritual de siempre, reviró los ojos e hizo como si no escuchara nada.

Nos detuvimos delante de la puerta de casa de Virgilio. Ella tocó tres veces, como si su mano derecha pesara tres kilogramos. Del otro lado no hubo respuestas, ni sillas arrastradas, ni el "ya voy" afeminado con que siempre respondía el dueño a los vendedores ambulantes de velas. Nada. Convencida por tanto silencio, empujó la puerta. La densidad del vacío en el que nos sumergimos acabó de golpe con mis deseos de aventura. En un susurro, comencé a rezar "Santa María (otra María) madre de Dios, ruega por nosotros los pescadores". Repetir el sonsonete me calmaba, aunque jamás hubiera entendido bien su sentido.

Estábamos entrando a casa de Virgilio, el maricón con más dinero de toda La Habana, brujero y fumador exclusivo de tabacos Cohibas, con fama de chivato voluntario, corneta, trompeta de la fiana, que podía darse el lujo de vivir con la puerta abierta porque sabía que nadie se iba a atrever a entrar, el mismo que se vestía con batas chinas en las noches y dormía con aire acondicionado en su cuarto. Ella cerró la puerta a nuestras espaldas. Yo recordé que se rumoraba que Virgilio era de las pocas personas en La Habana que podía hacer cuatro comidas al día. Su nombre era una leyenda. Nadie sabía si en su casa siempre había carne por la fuerza de sus santos, por el embrujo de sus collares yorubas, por su entrega desenfrenada al sexo con dos generales-maricones-de-closet de las Fuerzas Armadas o por todo eso a la misma vez. Y nosotras, sudadas y oliendo a alcohol, entramos a la casa-santuario de Virgilio, de donde todo el mundo sabía que, a menos que fueras vendedor de velas, maricón o brujero, era mejor mantenerse alejado.

Las tripas se me hicieron un nudo. "Un chino cayó en un pozo, las tripas se hicieron agua". La canción menos lógica del mundo empezó a taladrarme el cerebro. "Arre bote bote bote". La sala en total oscuridad, "arre bote bote bote". Aquello no era un juego, pero tampoco tenía "exit", ni marcha atrás, solo "game over". Y "arre bote bote va".

Ella chocó con un sillón de cuero que sonó como si fuera de cristal. Cojone qué susto pasé. Se viró y me mandó a callar. "Estúpida", dijo. Y yo pensando todavía en el chino de la canción. A la derecha del salón que atravesábamos, vi un bar de madera donde colgaban unas doce copas que quise imaginar caladas, con bordes dorados, con florecitas. Le señalé con el dedo el botín. "Ahí tiene que haber ron". Pero me mandó a callar otra vez. "Estúpida, que este maricón debe guardar el Havana Club en la cocina, ahí nada más debe tener guafarina pa darle a las visitas". Jamás se me habría ocurrido contrariar su lógica, en el fondo la respetaba mucho. Pero yo sabía que dos días antes ella se había tomado el pomo de agua de colonia que mi papá me mandó con María. "Toma esa misma guafarina", le dije. "Cállate hijaeputa", y siguió caminando, tratando de mantener el equilibrio entre la oscuridad y su nivel de alcohol.

Llegamos a la cocina. Me detuvo en la puerta y me dijo: "Aquí te quedas y vigilas". Por un segundo me gustó la encomienda. Me recordó aquella época en que solíamos ser una familia feliz, y mami estaba viva y jugábamos a que me prohibía la entrada a la cocina para que no me quemara con el aceite hirviente que saltaba cuando se freían las papas. Mami me decía que me parara en el mismo borde de la puerta donde ella me estaba obligando a detenerme tantos años después, aunque en su versión no había papas fritas ni aceite ni fogón encendido. Vaya que su orden no tenía sentido. Nosotras estábamos en la última habitación de una casa ajena. La casa de Virgilio nada más y nada menos. Si alguien entraba por la puerta de la sala —incluso si yo me daba cuenta enseguida de que alguien había entrado— de todos modos, estábamos atrapadas como cucarachas en lata de luzbrillante.

La escuché revolviendo trastos. Destapó una cazuela. No se veía nada en medio de la penumbra, pero de súbito pude oler los frijoles negros, espesos y tibios. El hambre vieja me agu zaba los sentidos. Me dejaba percibir el color de cada cosa, imaginar su textura. Aquellos eran frijoles negros, seguro que eran negros y tenían comino y pedacitos de carne de puerco y manteca y una cucharadita de azúcar y el punto justo de sal. ¡María madre de Dios! Otro nudo en el estómago me recordó que el hambre podía más que el miedo cuando competían por ocupar un cuerpo. Yo estaba extasiada con aquel olor y sentía que el tiempo se estiraba borrando el espacio. Olvidé el peligro. Imaginaba que, en cuanto ella encontrara su dichosa botella de Havana Club, quizás podría sumergirme en aquella cazuela de frijoles, nadar en frijoles, morir feliz de una ingesta de frijoles.

Entonces sentí rechinar la cerradura de la puerta que daba a la calle. No era Virgilio. Él nos había visto entrar diez minutos antes, en el preciso momento en que se bajaba del Lada blanco de uno de sus generales-maricón-de-closet. De inmediato había mandado a buscar a dos ahijados suyos de religión que eran policías de la Cuarta Estación.

Mi abuela solo forcejeó un poco cuando la sacaron a rastras de la cocina. El alcohol y la edad inhibían sus fuerzas ante aquellos dos mulatones de casi dos metros, vestidos completamente de azul. Su lengua, sin embargo, aún tenía vida propia. "Tú eres tremendo chivatón, Virgilio, tremendo corneta". Porque en Cuba se puede ser maricón y brujero y vendedor de velas y todo lo que uno quiera, pero no se puede ser chivato. "Vete pa la pinga vieja cochina, vete a recoger al ganado ese que tienes por familia", le dijo él y alcanzó a escupirle la cara. Yo saltaba en puntas de pie, invisible, lejana. Con dos lagrimones rodándome por la cara seguí a los policías con la esperanza de que quisieran darle solo un susto y soltaran a mi abuela en la acera.

Pero no. Cuando la estaban montando en la patrulla, ella me miró otra vez con una sobriedad que me era ajena. Abrió una mano y dejó caer un pan embarrado de frijoles. Eran negros. ¡Lo sabía, lo sabía coño! Corrí hacia el pedazo manchado de caldo y polvo. Lo recogí, lo limpié contra mi muslo. Hacía todo mecánicamente, mientras mi cuerpo se deshacía en sollozos. Me senté en el borde de la acera. La patrulla perdía nitidez en la calle. Yo comía y lloraba, comía y lloraba. Sabía que mi abuela no regresaría a dormir esa noche y aquellos frijoles no tenían una gota de comino. Le habían quedado saladísimos al chivatón de Virgilio. ◼

Dieguito el escritor

DIEGO HABÍA SOÑADO OTRA VEZ CON SU TÍA Mariana. Se despertó sudoroso y se quedó tranquilo, entre las sábanas revueltas. Con disimulo, como si alguien pudiera verlo, bajó su mano, primero se rascó los huevos y luego comenzó a tocarse el pene. Fue como un contacto casual, como el roce que evoca a una conquista. Pero abajo enseguida respondieron con firmeza. Y Diego solo tuvo que frotar unas diez veces antes de manchar las sábanas. Era así cada vez que soñaba con su tía Mariana, o con Julia, la mejor amiga de su tía. Había leído que Vargas Llosa, García Márquez y al menos otros dos escritores también habían amado a alguna tía.

Diego tenía esperanza de que su obsesión por su tía Mariana y por sus tetas caídas de solterona gozadora solo fuera una señal del gran escritor que sería al llegar a los 30 años. Por eso no se negaba del todo a la fantasía, aunque a veces se sintiera un poco culpable. La tía Mariana rebasaba los 60 años, y aunque se mantenía muy bien físicamente (carnes duras, actitud jovial, cabello negrísimo y largo) había varias señales que la sacaban del grupo de las mujeres deseables. Los amigos de Diego, por ejemplo, jamás ubicarían a Mariana entre sus MILF. Los cabrones estaban más complacidos con el culo gigante de la más joven y apetitosa Julia. Pero Diego soñaba más a menudo con la tía y se masturbaba a costa de ella. Las adolescentes de tetas incipientes no le despertaban ningún placer. Sospechaba que, como a Vargas Llosa, las flacuchas de 18 años solo empezarían a gustarle cuando él hubiera cumplido los 50. Diego estaba bien con eso. No tenía conflictos, entonces dejaría a su esposa y se buscaría una jovencita. Al final, esa era la vida.

Lo que más lo avergonzaba de su último sueño y su deseo incesante era que Mariana, asidua fumadora de tabaco negro, había perdido los dos dientes de adelante. Es verdad que la tía, presumida como era, fue al dentista todos los días tratando de resolver el problema. Primero no había agua, después la enfermera se había ido en un viaje de estímulo a Nicaragua, después la hija de la dentista se había tirado a la Florida en una lancha, después hubo un apagón de seis horas. Pero la tía estoica todos los días, a las 7 de la mañana, amanecía en el dentista, haciendo lo indecible para resolver su "problemita", del que hablaba solamente tapándose la boca con un pañuelo blanco. Era tanta su afición con mantener la juvenil apariencia de todo su cuerpo, que desde que se le cayeron los dos dientes comenzó a ponerse escotes más pronunciados. Diego conocía esa estrategia: era para llamar la atención de sus interlocutores a otra parte. Y estaba funcionando, al menos con él que no podía dejar de pensar en aquellas tetas.

Mariana usaba con tanta vehemencia el pañuelo sobre la encía desnuda que Diego no recordaba haberla visto ni una sola vez sin los dientes. Por eso esa mañana, durante los diez estirones de su masturbada, había podido evocar a la tía Mariana íntegra, sabrosa como él la recordaba, con sus dientes pequeñitos adornando un rostro maduro, pero siempre sonriente, una boca diminuta y rosada, que él siempre se preguntaba cómo podría invadir con un pene tan gigantesco como el suyo. En medio de tantas conclusiones, listo para el segundo round del desahogo hormonal, sintió como tocaban a la puerta. Saltó rápido de la cama, envolviendo las sábanas mojadas, como si hubiesen amanecido así naturalmente. Se pasó la mano por el pene, casi erecto otra vez, hay que meterlo dentro del short, disimularlo dentro del short. Va, va, va, ya va fueron más o menos los monosílabos que repitió mientras corría a la puerta de su cuarto para descorrer el pestillo. Abrió y otra erección fue inevitable. Diego vio delante de su puerta a la tía Mariana con un vestido amarillo ajustado a la cintura, de un escote cuadrado que mostraba hasta la gloria en medio de sus senos. La tía traía el pañuelo blanco camuflando la boca, pero la imagen guardaba toda la sensualidad con la que Diego habría podido estarse masturbando otras diez, doce mañanas. En el silencio que él empezaba a sentir incómodo, la tía habló por fin: "Ya Dieguito, ya me hicieron los dientes", y se quitó el pañuelo blanco de los labios dejando al descubierto dos monstruosos escaparates blanquísimos, que sobresalían entre sus labios rosados desfigurando todo el rostro. Diego no supo qué decir. Ni hizo falta que dijera nada, porque detrás de la tía Mariana saltó su mejor amiga, Julia, con una sonrisa inmensa y la noticia de que ella también había decidido arreglarse sus dientes con el mismo dentista hijo de puta de la tía Mariana. En ese instante, Diego lo supo, jamás sería escritor. ◼

La vidente

CUANDO ERA CHIQUITA TENÍA FAMA DE SER
vidente. Una vez mi mamá quiso entender qué pasaba con mi
espíritu y me llevó a ver a una brujera. La brujera le dijo: "Tu
hija tiene mucha luz". Desde ese día, casi me hacen un altar en
casa.

Cuando yo decía "hay una mujer de pelo largo en la vida de
mi papá", era porque la había. O cuando decía "esa taza se va
a caer de la mesa", se caía. También decía a veces: "llegará el
arroz del mes a la bodega… y es arroz chino", y tres días después llegaban diez barcos cargados de arroz de China.

Debo confesar ahora, al cabo de tantos años, que todo tenía explicaciones muy sencillas; pero nadie nunca me preguntó. Como yo era una niña relativamente tranquila, la profe me
dejaba salir, todas las tardes después de almuerzo, a pararme
un rato en el portal de la escuela. Ella decía: "es un premio a tu
buen comportamiento". Yo sabía que era su forma de librarse
de mí. Con mis salidas evitaba que yo anduviera regañando a
mis compañeros por no hacer la tarea, apuntándolos en la lista negra y dándole quejas. Porque además de vidente yo era
una niña muy seria, a la que le gustaba cumplir con todo.

Un día, estaba en el portal de la escuela, cuando vi pasar a
mi papá con una mujer de pelo largo. Al otro día, pasó con otra.

Al otro día, con otra. Hasta que el ciclo se completó y me di cuenta de que mi papá pasaba todos los días con una mujer que no era mi mamá, por supuesto. La acompañante tampoco llevaba siempre el cabello largo. Pero esa frase lapidaria, "hay una mujer de pelo largo en la vida de mi papá", fue la manera que encontré de compartir la información en mi casa, sin que me quitaran el placer de pararme todos los días sola en el portal de la escuela. Porque además de vidente y seria, yo era una niña muy solitaria.

Lo de las tazas, platos y copas que anunciaba iban a romperse tampoco era difícil de augurar. Cuando mi hermana acomodaba la repisa o guardaba la vajilla, ponía todo su despiste en función de esas acciones. Dejaba las cosas al bordecito de la mesa, al bordecito del cristal, siempre al bordecito, siempre listo para resbalarse. Y como yo era una niña vidente, solitaria y me gustaba siempre tener la razón, cuando las cosas no se caían para cumplir mis predicciones de tiempo y lugar, yo las ayudaba.

Mi escuela estaba al lado de la bodega del barrio. Así que lo del arroz chino se lo escuchaba decir al bodeguero, en mis largas horas de aislamiento público. También el custodio Ramón a veces me daba información sobre el orden de llegada de los mandados y el número que había ganado en la bolita el día antes. Era una fuente muy confiable ese querido viejo Ramón.

Un día le dije a Luisa, una de las mejores amigas de mi mamá: "Si te vas este verano a Varadero, ten cuidado con los tiburones". Luisa me llamó por teléfono una semana después. Mi mamá se extrañó de que ella quisiera hablar conmigo, que apenas tenía 9 años. Luisa me dijo: "Me jodiste las vacaciones. No me atreví a meterme en la playa porque estaba segura de que me iba a comer el singa'o tiburón ese". Yo, además de vidente, seria y solitaria, era una niña muy envidiosa. ∎

La hipócrita

LE DIO UN BESITO EN LA BOCA. NO ERA LA primera vez que estaban tan cerca. Pero le gustó de nuevo el olor a leche fresca que traía en los labios. Se había pasado toda la noche pensando en ella. Así que le dijo con decisión: "Quiero que seas mi novia". No era una pregunta. Pero la otra le respondió: "Que no", como si ella también hubiese estado pensando mucho su respuesta. "¿Por qué no?", se puso a la defensiva. "No podemos ser novias, esto es solo un juego". "Pero ¿por qué no?", asomó la pataleta y se acordó de la última frase calculada: "no te preocupes, que yo sería tu novio". "Pero no podemos ser novias ni novios porque somos unas niñas". Por el tono de la ingrata supo que aquello era el fin y ninguna discusión valdría la pena.

La miró un momentico, un tiempito fugaz, aunque aún ella no conociera el adjetivo. Volvió a pensar en el sabor a leche fresca de sus labios. Pensó en la noche que había pasado despierta pensando en ella; pensó en todas las veces que la otra se había dejado besar la boquita. Recordó el olor a jabón del blúmer blanco y ajeno, y el sudor de la última vez que se desnudaron para abrazarse en la cama. Soltó una lágrima. Pero no era dolor, solo perreta. La niña que ella quería que fuera su primera novia era una niña mala.

Al día siguiente comenzarían las clases. ¿Debía insistir ahora o preguntarle otra vez mañana, cuando con el uniforme recién planchado, se sentaran una al lado de la otra en la clase de Ciencias Naturales? No supo qué decidir. Se levantó de la cama con un sentimiento que tampoco supo entonces que era un sentimiento. Salió del cuarto sin mirar hacia atrás. "Hipócrita", susurró y dejó la puerta abierta, porque tardaría años en aprender que si estaba molesta debía tirar la puerta al salir de la habitación. Mientras bajaba las escaleras rumbo a la sala supo que si algún día tenía una hija jamás la dejaría jugar a solas con otras niñas, para que no se enamorara tan joven, para que no sufriera por tanto amor de hipócrita. ∎

El City Hall

SE HIZO EL MOÑO LO MÁS ALTO QUE PUDO. Los jeans prelavados más que marcarle la cintura, le cortaban la circulación. Parecía que todo su delgado cuerpo se alargaba ahora hasta el infinito en el moño más alto que se había hecho en la vida. La sien tensa, los ojos rasgados. Agarró un peine y se empezó a batir el cabello con violencia. El moño además de alto debía tener volumen, movimiento, energía. Estaba ilusionadísima con su primera noche de libertad. Además, no era lo mismo ir a comer helado con las amiguitas a Coppelia, que pasarse la noche en una de las discotecas más locas de La Habana. Bueno, eso era lo que todo el mundo decía: que en la discoteca del City Hall había tremenda locura. Ella nunca había ido, pero hasta el nombre del lugar le sonaba salvaje. No imaginaba, no tenía forma de imaginar, que aquello antes que discoteca había sido un cine de barrio, a donde las familias enteras iban a pasar el rato los domingos, pagando la entrada a unos centavos; ignoraba que antes de ser un bucólico cine de barrio había sido la sede del gobierno del Cerro, de donde había heredado el nombre que ahora brillaba en una marquesina. Si algo tenía de salvaje era acaso un presente de rock tropical y música enlatada.

Pero ¿qué era el pasado comparado con aquel tiempo de todos los tiempos? Nada. A ella todo lo que le importaba era que aquel pelo sobre la cabeza se notara bien batido. Lo suficientemente batido para ponerle unas motas de polvo brillante y que luciera todavía más pepillo. ¿Pepillo es sinónimo de brillo? Quién sabe. En la discoteca todo giraba en torno a brillar: que brillara el pelo, que brillara el lazo rosado, que brillara el pantalón prelavado, los ojos, las uñas. Allí bailaría a gusto y seguro se le olvidaba que el pantalón se había hecho dos tallas más pequeño. Por primera vez, alejada del poder de la madre, no rechazaba la idea de besar a algún muchacho, o a un par de muchachos, o de pasar la noche besando bocas que imaginaba siempre con olor a chocolate Nesquik. Se le pararon los pezones, pero se siguió batiendo el cabello frente al espejo, imaginando las locuras que la noche prometía. Dicen que en la disco la última canción es siempre lenta, romántica. Esa tenía que sorprenderla en los brazos de Eduardo. A ella le había confesado un día que era rockero metalero de los malos, pero que el Patio de María lo habían prohibido y que ir a la discoteca era una necesidad de vida o muerte, porque vivía por la música, y si era en inglés "much better". Pero, ¿Eduardo aceptaría terminar la noche abrazado con ella después que hubiese besado a todo el macho que se le pusiera delante? Peor, ¿si era roquero bailaba música romántica? Bueno si no era Eduardo, era otro, Joaquín, Pedro, Sofía, Julián. Pero ojalá que fuera Eduardo. Ella sabía que iba a ser la noche más loca de su vida, que se iba a dejar tocar las tetas, subir la saya, chupar los labios, todo con el pretexto de estar bailando, de tener talento para bailar y para ser, por fin, libre de toda dictadura.

Terminó de llenarse el pelo de brillo. Logró que se viera bastante parejo. Frotarse un papel carbón en el cabello era el mejor método para que todo pareciera hecho en el yuma, de peluquería de verdad. Eduardo era alto, altísimo. Así que de todos modos luciría más alto que su moño. Eduardo también era flaco, muy flaco, por eso tampoco importaba que ella pareciera un lápiz con aquel pantalón por la cintura. Un-lá-piz. Qué triste es parecer un lápiz. Le habría encantado estrenarse ropa esa noche. Pero bueno, la cosa no tenía que ser perfecta, lo importante era que fuera. Estaba loca por librarse de su virginidad, por abrir las patas y empezar a conocer mundo. Eduardo seguro que la tenía grande. Con aquel tamaño, con aquellas manos y sus pezones siguieron rozando el blanco de la blusa, retando a aquel leotard a reventarse. La tela, por suerte, aguantó. Iba a salir del cuarto y necesitaba relajarse, para que su madre no notara la excitación. Pero con las manos manchadas de papel carbón no podía frotarse la excitación. Pensó en Vivian, la profe de Biología. Siempre pensaba en Vivian cuando necesitaba dejar de sonreír, cuando necesitaba dejar de sentirse caliente, cuando quería perder el apetito. No sabía por qué, pero la cara de Vivían le enfriaba la calentura y le bajaba los pezones. Funcionó. Ya estaba lista para salir a la sala.

Tenía que procurar que la madre no la viera. Si le decía: "Pero qué linda, mi niña", iba a sentir la mayor inseguridad de su vida y se iba a querer cambiar de ropa y no tenía nada más sexy para ponerse. No tenía nada más para ponerse. Además, si se sacaba el leotard por la cabeza como mínimo se iba a tumbar todo el brillo que se había echado. Sin mencionar que pondría en peligro la estabilidad del moño. Desde la puerta gritó que se iba. Cerró y salió corriendo. La discoteca, que antes había sido un cine de familia, y antes de eso la sede de un gobierno, y que hasta esa noche gloriosa le había estado totalmente vedada, estaba en la esquina de su casa, a menos de 90 metros de la puerta por la que salía todas las mañanas rumbo a la escuela.

La música hacía vibrar la calle. Ella sentía que cada paso la acercaba al paraíso. Iba a poder probar por fin la saliva ajena. Alguien más que ella iba a tocar el murmullo de sus pezones. La música era un pretexto. El moño la hacía sentir segura. El leotard le apretaba un poco en los muslos, pero había que aguantar. Nadie iba a notar que el pantalón prelavado estaba demasiado pre-lavado. Ella era la reina de la noche. Al día siguiente iba a contarle a las amigas que fue sola a la discoteca, que había pasado la noche restregándose contra cientos de cuerpos extraños, y que le había por fin acariciado la pinga a Eduardo. Ay por encima del pantalón, pero se la acaricié toda, pensaba que sería su respuesta a todas esas envidiosas inmaduras que la llamaban "amiga". La boca se le hacía agua mientras trataba de desandar la caminata más sexy de su vida.

En la puerta le pagó cinco pesos a una muchacha que estaba sentada en una silla alta, con una cajita de madera llena de dinero encima de las piernas y la cara más aburrida del mundo. ¿Cómo puede aburrirse quien trabaja en este antro de placer? Y antes de terminar de hacerse la pregunta, el mulato como de 40 años que cuidaba la entrada le hizo seña que alzara los brazos que la iba a registrar. Sintió los callos de aquellas manos incluso por encima del leotard. La intimidaron demasiado como para protestar. Y cuando las manos subían dando palmaditas por sus piernas, le llegó una arcada de vómito desde el mismo centro del estómago. Por suerte todo fue cuestión de segundos y un grupo de muchachas gritonas, que llegó mientras a ella la registraban, la arrastró sin preámbulos al centro mismo de la discoteca.

Las luces no paraban de dar vueltas. Todo era negro y rojo y verde a la misma vez. Una música terrible parecía rajar las paredes. Le pareció ver a Eduardo en una esquina, pero en realidad no veía nada, no estaba segura de nada. La luz lo inundaba todo, le rayaba los ojos, le movía el piso. Volvieron las arcadas. Un mareo súbito casi la tira al suelo. El olor de cien grajos le penetró hasta el cerebro. Sintió que no podía respirar. Se iba a desvanecer, iba a hacer el ridículo delante de cientos de personas que no la miraban. Se pegó a la pared. Se arrastró sobre la pared. Vio cómo las manos se le llenaban del brillo que se le caía del moño. Iba a empezar a llorar cuando por fin pudo ver la luz de la puerta. Hizo un esfuerzo por alcanzarla. Salió tropezando con el muro de contención. Afuera, la aguantaron dos brazos de piedra que le resultaban muy conocidos. Pensó en Eduardo, tan fuerte y caballeroso. Pero era su madre. La misma que la cargó y caminó con ella, en silencio, rumbo a la casa. "Te lo dije", fue lo último que le oyó decir a la vieja antes de perder el conocimiento. ∎

Nada 1994

Para Xalbador García

SABÍA QUE SU MADRE QUERÍA DARLE UNA MALA noticia. Pero no tenía idea de qué se trataba esta vez. Tenía 16 años y algunos dolores acumulados no tanto por desamores adolescentes, como por la distancia del padre y la muerte del abuelo. Cosas aparentemente comunes. Pero su madre la seguía tratando como una niña indefensa, incapaz de enfrentarse al mundo.

Provocó la conversación varias veces esa mañana. Durante el desayuno le habló a la madre del abuelo, para ver si lograba que la mujer encadenara la mala noticia eminente con el mal recuerdo. Sin resultado. A la hora del almuerzo hizo como que sonreía, mientras le recordaba a Furia, el perro que se les ahogó comiendo huesitos de pollo. Nada. Mientras fregaba los platos se decidió por fin directamente a preguntarle a la madre, que en ese momento barría la cocina. "¿Qué pasa, mami?". "¿Qué va a pasar cielito de mi corazón?", le respondió la mujer y supo que la mala noticia solo le llegaría en la noche, antes de dormir, porque su madre le había dicho: "Quiero hablarte antes de dormir", y porque desde niña le había enseñado que "las penas se espantan durmiendo". Resultado: una combinación infalible, la madre le contaba las malas noticias antes de dormir porque suponía que durmiendo las mitigaba. Ella solo pretendía que aquello tenía sentido. Con lo del perro ahogado comiendo huesitos funcionó. En definitiva, ni le gustaba tener mascotas, mucho menos un perro como el busca líos de Furia que se pasaba la vida ladrando y cagándose encima de su cama. Pero saber que su abuelo llevaba dos días muertos y que ella no se había enterado porque su madre estaba buscando el mejor momento para contarle, le había demostrado que hay dolores imposibles de curar, dolores que hacen madurar de a cuajo. También le hizo comprender que su madre era una mujer con demasiadas teorías equivocadas sobre cómo vivir la vida, una mujer que era ella quien estaba criando en realidad.

Por eso extrañaba tanto al abuelo. Por eso le había dolido tan profundamente su partida. Quién la acompañaría durante los apagones recitando décimas para mantener viva la ilusión en el país de la desilusión; quién la recogería en la escuela con aquellos ojos verdes siempre sonrientes; quién le prepararía la leche con una pizca de sal, después de caminar veinte cuadras para comprarla a escondidas en un mercado negro cada vez más desabastecido. El abuelo se había ido para siempre de un país en crisis, pero ella era demasiado egoísta para pensar que estaba en un mejor lugar. "Dios no existe", le había dicho él, "sólo la nada nos acoge al final, una nada silenciosa y negra". Desde esa nada, él no podría acompañarla para enfrentar la mala noticia que su madre le estaba reservando para la noche.

Dejó que avanzara la tarde leyendo poesía en voz alta. Era el remedio que le había enseñado el abuelo. Martí, Villena. No había mucho para elegir entre las páginas agrietadas de la vieja colección. En esos años las imprentas habían decidido publicar solamente libros sobre política, como si la política aliviara el hambre más que la poesía. "Lee ese poema en voz alta", le dijo su abuelo un día que no pudo comprar leche ni caminando veinte cuadras extras. Ella la leyó y el ritmo le hizo olvidar el hueco en el estómago. "Lee este poema en voz alta", le había vuelto a decir al día siguiente, cuando tampoco hubo leche. "Parece siempre nuevo cuando se escucha", le había contestado ella y él dejó que las lágrimas le bañaran el rostro, y le dijo que ella ya estaba lista para la vida. Quizás por eso se abandonó al cansancio y se dejó morir, porque sabía que ella había crecido. De otra manera era imposible que la hubiera dejado sola. Oh abuelito, mi abuelito. Ella espantó la evocación con más poesía. Villena, Martí, a veces cambiando el orden funcionaba mejor.

La música de la novela brasileña la sacó de su concentración. Eran las 8 y 30 de la noche. En dos horas se iría a dormir aunque no tuviera sueño. Ya no podía más. La angustia de todo un día esperando por alguna mala noticia la tenía ansiosa. Por fortuna, la familia no se había reunido para comer. Sólo tenían pan con aceite esa noche, así que su madre y su abuela le permitieron volarse el ritual absurdo de sentarse a la mesa. ¿Era por el pan o era porque le tenían ya mucha lástima al saber por anticipado la terrible noticia que ella adivinaba que le venía encima?

"Tengo 16 años y plena capacidad para entender lo que sea que me tengas qué decir", le habría gritado de buen gusto a su madre. Pero también su abuelo le había enseñado que hay naturalezas contra las que es mejor no luchar, porque solo se quiebran desde la aparente sumisión del otro. Su madre, casada y divorciada cuatro veces, con una sola hija, adicta al trabajo, llorona y sin el valor para declarársele a Ana, su compañera de oficina, era de esas naturalezas inquebrantables ante la honestidad. Era, como se diría en buen cubano, tremenda hipócrita. Así que ella no perdió tiempo ni energía enfrentándosele. El pan con aceite empezaba a desvanecerse en el estómago y de verdad estaba dispuesta a acostarse a dormir, porque el sueño no calmaba las penas, peso sí la necesidad de comer.

"Abuela, hasta mañana", dijo desde la puerta de su cuarto. Y sintió como el balance de uno de los sillones de la sala se paraba en seco. "Hasta mañana, mi niña", respondió la abuela transparente, la abuela descolorida, la abuela eclipsada primero por las décimas del abuelo, después por el poder de su propia hija. Y mientras la abuela le deseaba que soñara con los angelitos, los pasos de la madre se acercaron a la puerta del cuarto. Traía un libro en la mano.

"Mira, conseguí este en la librería de la Terminal de Ómnibus. Ni sé de qué se trata mija, pero era el único de poesía que estaban vendiendo y te lo compré". La noticia debía ser peor de lo esperado si valía un libro como consuelo. "La Isla en peso", leyó en voz alta la joven y negó con la cabeza. "No conozco a este Virgilio Piñera, habrá que ver". "Habrá que ver" era una frase que resumía todos sus deseos y todos sus dolores: el deseo de sumergirse en el libro para siempre, el deseo de que la poesía del Piñera ese fuera buena, el deseo de que el abuelo estuviera para calmar el llanto inminente de esa noche, el dolor de desear que hubiera muerto la abuela invisible y no él que era todo su consuelo. "¿Podemos hablar?", le preguntó la madre y ella deseó gritarle que la tenía llena de angustia y que hace horas estaba esperando por esa conversación. Pero sólo asintió con la cabeza mientras la ausencia definitiva del pan en el estómago le ocasionaba un poco de mareo.

Caminó hasta la cama y se acostó. Era un gesto incondicional, un reflejo inducido por tantas malas noticias. No sabía cómo ni por qué, pero siempre en sus recuerdos se hallaba en la misma posición recibiendo las malas noticias de boca de su madre. Quizás, cuando estaba bajo las sábanas, su madre se olvidaba de la dureza de los senos de la hija, de las caderas cada vez más anchas, del estómago plano y deseable. Debajo de las sábanas la muchacha era solo un rostro lleno de acné, con el que su madre podía sentirse otra vez y siempre como La Madre. El libro nuevo había quedado silencioso, en la mesita de noche.

"Ay mi niña, mira qué te quiero. Yo soy la persona que más te quiere en este mundo". Parecían faltarle algunos minutos aún a la tortura psicológica a la que estaba siendo sometida en nombre del amor. "No quiero ser una madre como tú", pensó y permaneció en silencio, a ver si su madre, por fin, se decidía. "¿Sabes que hoy hace exactamente tres años que me separé de tu padre?" La verdad no llevaba la cuenta. Tampoco podrían decir si eran tres años de que lo botó de la casa o de que firmó los papeles del divorcio, o tres años de que lo dejó de amar, o tres años de que él la dejó de amar a ella, si es que se amaron alguna vez. Ante la incertidumbre, siguió en silencio. Había aprendido a leer poesía en voz alta y a callar sus pensamientos. "Yo sé que tú crees que me divorcié de tu padre porque no lo amaba, pero eso no es cierto". El olor de las mentiras la hizo moverse debajo de la sábana, dejando sus pechos duros al descubierto. La madre la cubrió disimuladamente, con un gesto mil veces practicado, y ella supo que en realidad necesitaba ocultar su adultez para tener el valor de seguirle hablando. "Nada mija", se decidió por fin la mujer que cada vez sentía más distante, aunque estuviera sentada al borde de su cama, "que me divorcié de tu padre porque dejó embarazada a mi prima Sofía, y yo le aguanté muchas borracheras y muchas pesadeces, pero no pude aguantar eso. Te lo quise contar ahora porque una vecina se enteró y estoy segura de que va a venirte con el cuento, pero la verdad es que si por mi fuera" siguió hablando desenfrenadamente mientras ella empezó a ensordecer.

Recibir una noticia cómo esa podría no representar nada para una adolescente, que hace algunos años había descubierto por sí sola la necesidad de las hormonas de convertirse en sexo; podría no significar nada tampoco para la muchacha que había reconocido, desde pequeña, la crónica condición de infiel que padecía su padre. "Es un descarado, pero es tu padre, perdónalo siempre", le había dicho el abuelo. Y en realidad ¿qué importaba la noticia que le daba la madre y que no era ni noticia? Pero era otra vez la verdad oculta, esta vez durante tres largos años. Imaginó al abuelo muerto durante dos días, la boca reseca, la lengua sin color, el gesto de dolor de los ojos. Así estaba el cuerpo que ella recibió en palabras; el cuerpo que ya no se atrevió a abrazar de tan frío; el cuerpo que su madre se había permitido llorar durante dos días, pero que a ella le había ocultado.

El terremoto comenzó debajo de la sábana, alcanzó la mesa de noche, rajó las paredes del cuarto, cimbró toda la casa. Los dos cuadros con las fotos de sus 15 años cayeron de las paredes y se rompieron al tocar el piso. Las luces pestañearon. Se rajó la tubería que conectaba el tanque del agua con la precaria ducha plástica. "Tú amas a Ana, yo lo sé", y toda la fuerza del terremoto se concentró en una bofetada de la madre. "Tú eres una mujer mala, te he estado protegiendo durante tres años de esta noticia y ahora la culpa de que tu padre sea un hijo de puta la tengo yo". Quizás no la estaba culpando, quizás solo estaba tratando de aprovechar la oportunidad para que compartieran por fin aquellas verdades que seguían en el closet. Algo estaba logrando en realidad, porque no era la primera vez que la madre la abofeteaba con tanta ira, pero sí la primera vez que la llamaba mujer, aunque fuera para bautizarla como el diablo. "Yo lo que soy es una mujer", respondió ella arrancándose la sábana y dejando al descubierto el cuerpo semidesnudo en la vieja pijama de Mickey Mouse. "Te has vuelto loca como tu padre". "Porque siempre alguien más tiene la culpa de tus errores".

Si en ese momento alguien hubiera interrumpido la discusión, ninguna de las dos habría podido explicar por qué, súbitamente, se habían dado cuenta de cuán profundamente se odiaban. Pero las dos sí sabían que era un odio sin cura. Ni Sofía ni su hijo de tres años, ni el padre de su hijo que era su padre, tenían en realidad nada que ver en aquella pelea. *La Isla en peso* cayó al piso, el estruendo acalló todos los sonidos del mundo. Ellas se miraron, reconocieron el terremoto en las paredes rotas. La madre recordó las horas de fiesta perdidas criando a la malagradecida. La hija recordó al Coco que nunca llegó de noche, al "no puedes comer más porque se acabó la comida". La madre la vio bella, altanera y quiso abofetearla otra vez. La hija volvió a sentir el pan con aceite desvanecido en su estómago; vio la pobreza de la casa con las paredes rotas; vio a Ana ingenua ingenua ante el deseo de su madre. Se vio a sí misma con 16 años de malos recuerdos entre dos manos vacías. El abuelo y la poesía se hicieron una sola calle en su memoria. Empujó a la madre del borde de la cama, pero fue un empujón suave y lastimero.

Se puso los zapatos. "La maldita circunstancia del agua por todas partes", escuchó decir al libro desde el suelo. "Maldito verso gastado", pensó y de una patada lo tiró debajo de la mesa de noche. No supo cómo conocía el verso, si ella nunca había oído hablar de ese Virgilio Piñera. Pero más la asombró que su madre permaneciera en silencio y cabizbaja mientras ella salía a la calle usando solo su pijama de Mickey Mouse.

Salió caminando. Las calles que debían estar flanqueadas por luces de neón estaban ocupadas por la oscuridad. La Habana era un lugar perdido en su memoria. La Habana no era más el lugar a donde su abuelo había llegado desde Pinar del Río para buscar suerte una tarde cualquiera de 1954. La Habana era una sola calle donde su abuelo y la poesía se juntaban volviéndose nada. Siguió caminando. Sintió el hambre como un cáncer dentro de ella, y sintió la adolescencia como un peso muerto, sin cura, atado a sus rodillas. ¿Quién era su padre? ¿Quién era aquella mujer triste y mentirosa que dejó sentada al borde de la cama? Nunca sabría las respuestas, o por lo menos no mientras tuviera 16 años que no servían para nada.

Una brisa con sabor a sal le metió el cabello dentro de la boca. Levantó la vista que nunca había bajado, o decidió, mejor, despertar. Se encontró a sí misma en el Malecón. No había caminado tanto. A penas unas diez cuadras, mucho menos que las que su abuelo había tenido que desandar cada día, durante años, para buscar su desayuno. Frente a ella, el mar inmenso competía con la oscuridad de la ciudad. Escupió a las olas. ¿Dónde había guardado tanto odio durante ese tiempo? ¿Dónde estaba su abuelo? Solo en la Isla de los absurdos podría una mujer, al borde del abismo, estarse preguntando tantas mierdas. No podía vomitar bilis, pero vomitaba poesía, "La eterna miseria que es el acto de recordar".

Se subió al muro. No miró hacia abajo. Había que permanecer con la vista en alto. La brisa otra vez le metió los cabellos en la boca. "No existe la belleza", pensó imaginándose encima del muro, despeinada, usando un pijama que hacía tiempo no le servía. Saltó hacia la nada, hacia la oscuridad del mar, hacia el absurdo de lo infinito que no eran las olas sino ella misma respirando esas olas hasta que se le partieran los pulmones. Sintió sus senos luchando contra la gravedad, sintió un aire de adrenalina en el estómago, no vio su pasado ni vio al abuelo recogiendo flores para ella en el parque. Solamente sintió la promesa de la nada, las rodillas sin el dolor del pavimento, los huesos duros de los tobillos chocando contra ellos. Esperó que el contacto cálido con el mar de agosto la abrazara, la asfixiara para siempre.

Pero el dolor de caer sobre una madera más afilada que los dientes de perro no se parecía al silencio de la nada. Sintió diez ojos asombrados mirándole los pechos a través del pijama. "Los hombres te van a mirar las tetas antes de mirarte a la cara", le había advertido el abuelo para que no se espantara, cuando descubrió que la nieta estaba creciendo inevitablemente. Sintió el salitre sobre los labios. Los remos acompasados que empezaron a alejarla de la orilla sin pedirle explicación, como si todos compartieran la certeza que los había llevado al mar. Sentada en la balsa, abrazó sus rodillas, permaneció en silencio. Supo entonces que todas las muertes no son iguales, y pensó en su abuelo, con su sonrisa verde, parado en la puerta del aula, esperándola, para llevarla a casa. Era 20 de agosto de 1994. ■

Un bikini verde

"PARA LLEGAR A GUANABO EN PLENO AGOSTO y en una ruta 400 hay que tener ganas de verdad de venir a la playa", pensó mientras ponía el pie derecho —siempre el primer pie— sobre la arena hirviendo. "No, y ahora me quemo los pies", se reprochó a media voz, para no parecerle demasiado loca a quien quiera que la estuviera viendo, y se volvió a poner en lo alto de la nariz los espejuelos que se le estaban cayendo. Enseguida empezó a discutir con la tipa más comemierda que había conocido en su vida: ella misma. "Claro, como te pasaste toda la mañana para decidirte a venir, ahora tienes lo que te mereces: la guagua esa repleta de gente sudá y una arena que te va a dejar esos pies morados. Pero es que venir sola a la playa no es fácil, hay que tomarse un tiempo por lo menos para pensarlo. Mima, pero si la difícil en esta historia eres tú, la traumatizá, la que se mete dos horas decidiéndose a salir sola a la calle eres tú. Es verdad". Y maquinalmente se sentó debajo de una palma raquítica. "Dentro de dos horas esta sombra desnutrida que da la palma se va a correr de lugar y voy a pasar tremendo calor, y el reflejo del sol en los espejuelos fondoebotella no me va a dejar ver nada. Mama, pero espérate a las dos horas, es difícil que te pases dos horas sola en la playa y tú lo sabes; lo tuyo es llegar y virar, nada más que pa contar que viniste o pa que la gente te vea. Es verdá también, si yo no sé pa que me preocupo con tanto tiempo de antelación. Es verdá, mama, eres tremenda dramática".

Sacó el pomo de agua congelada de la mochila gastada. Le quitó con cuidado la toalla que lo envolvía, como si desenvolviera una pieza de porcelana. Abrió el pomo plástico-reutilizado-de-refresco-de-coca y se dio dos tragos sin respirar. Con el frío se le empañaron los cristales de los espejuelos. Y el dolor de estómago dijo presente. "No puedo creer que ahora me vayan a dar ganas de cagar. No seas dramática, mima, que tú sabes que si tomas agua congelada debajo de este perro sol te da dolor de estómago, pero como te da, se te quita, rapidísimo. No eres nueva en esto". De todos modos, recorrió la vista por la orilla de la playa, tratando de localizar un lugar donde pudiera desahogar el dolor de estómago si se volvía insistente. No siempre la voz de su conciencia la convencía a la primera. Tenía 18 años y hasta con la voz de la conciencia discute uno a esa edad. Cuando su rostro completaba el giro rastreando un baño inexistente, vio el bikini verde fosforescente tomando el sol en la orilla.

Entre todas las trusas de colores subidos que había en la playa, entre todas las barrigas de hombres impudorosos y llenos de pelo, entre todos los niños corriendo (¿cien, mil?) se fijó en aquel bikini verde fosforescente, con un pequeño detallito en rojo encima del diminuto triángulo que tapaba la teta izquierda. "Ella también está sola. Sí, pero con ese cuerpazo enseguida alguien le va a hacer compañía. No es como tú. Bueno, pero yo tengo 18, algún día tendré esas caderas. Tú no comiste carne rusa ni tomaste leche de vaca todos los días, a lo mejor ya se te hizo tarde pa la repartición de cadera. Clarinete que no, cuando tenga su edad yo voy a tener esas caderas ¿A cuánta distancia estaré de ella? ¿Un metro, un kilómetro? Lo tuyo con las matemáticas no tiene nombre, estás más perdía que un conejo en un campo de lechuga. Creo que ese dicho no es así. ¿Y qué? ¿Y si me acerco a ella? Hasta me parece conocida. Así no paso la mañana sola en esta playa llena de gente gritona. Este tumulto me pone histérica, además no tengo ni cómo entretenerme. Se te quedó *El Aleph* en la casa. Por bruta. O por loca. O porque el Borges ese me aburre un poco. ¿Y si me acerco a su toalla como quien no quiere las cosas? Seguro que si me ve sola se pone a conversar conmigo. Se ve que debe tener como 28 o 30 años, porque ya luce bastante mayor. ¿Pero 30 años con ese cuerpazo? Debe ser que no tuvo hijos. Caray, pero me parece conocida. Es que no ves nada de lejos, tienes que ir al oculista de nuevo. Es verdá, estoy más ciega que Bambi. ¿Si me acerco me hablará o yo le tendría que hablar a ella que llegó antes? Hola, es que nunca me ha gustado venir sola a la playa. ¡No! Ni loca le puedo decir eso. Mejor le digo que me encanta venir sola. ¿Y si no trata de hacer amistad contigo porque cree que no te gusta la conversación, o porque cree que eres tronco 'e tortillera? Ay, aquí a todo el mundo le encanta darle a la lengua y hablar con extraños. Además, puedo decirle que la confundí con alguien. De verdad se me hace conocida. Tú verás que en diez minutos me está contando su vida. ¿Me acerco y me siento cerca de ella o solo le paso por al lado como de casualidad? Ya ni te preocupes, ya el viejo aquel se le acercó".

Apartó la vista del bikini verde y se dedicó unos minutos a contemplar el mar, en calma, azul intenso como en una revista de turismo internacional. El mar en calma, pero la orilla llena de gente; el mar en calma como si no notara las penetraciones, ni las invasiones, ni la gente comiendo pan con croqueta y ensuciando todo con papel periódico. "Con tu idea de ir a hablar con esa mujer, te pasó como con la guagua. Tanto lo pensaste para venir a la playa que al final viniste a la hora más cabrona de todas, cuando se llena más la ruta 400. Eres una buena para nada, piensas mucho cada decisión. A lo mejor el viejo se va dentro de un rato y puedo moverme con disimulo, cuando la sombra de la palma se haya corrido. Porque la verdad nadie me iba a creer que yo voy a dejar este lugar tan bueno, con tanta sombra, para sentarme en el medio de la arena. En realidad, ella ni te ha visto, ni iba a saber que tú estabas sentada a la sombra. ¡Y con esta trusa mía tan fea! Más si la comparas con el verde fosforescente de la que ella tiene puesta, ¡esa sí es una talla! Bueno mima qué querías si esa trusa que tú traes la usó tu mamá cuando tenía tu edad. Bastante que por lo menos todavía tiene elástico. Es que tiene unos colores muertísimos. Mima, yo creo que lo que le falta a la trusa son las caderas y lo que le sobran son una pila de años de uso". Y volvió a mirar a la joven del bikini verde.

El viejo que se había acercado no tenía intenciones de irse. Le ponía una crema blanquísima en la espalda, mientras se volvía todo él unas manos inmensas, llenas de pelo, con unas uñas moradas que afeaban el horizonte. No podía dejar de mirar aquella caricatura. Vio la crema blanquísima hundiéndose en la piel, sometida por las manos de pelos. Vio las manos de pelos alejándose del cuello blanco de la del bikini verde, disimulando su movimiento en círculos cada vez más grandes, más grotescos, círculos que bajaban y bajaban y bajaban no precisamente hacia la cintura. Los presintió sonriendo, porque casi no podía distinguir los rostros. El aire le regaló a su curiosidad un pedazo de sonido, que ella supo poner en la boca de cada uno. Hablaban de una crema espesa y de la indiscreción de tocarse en público, de una piel suavecita con olor a coco. Hablaban en español. ¿Eran las voces lejanas o era su cabeza traduciendo la lejanía? Luego vinieron las risas.

"Ella es una chea y él es un viejo descarado que viene a buscar putas. Pero ella es una puta chea: 'oyee, cuidao con el bloqueador ñaña ña ñaaa'. Gallego hijo de puta, aprovechado de la necesidad de las mujeres cubanas que somos tan honradas. Mima, pero ¿y esa muela a qué viene? Es que ella podría ser mi amiga. Podría. Pero no lo es. ¿Por qué? Porque es una puta. ¿Y quién dijo que no puedo andar con jineteras? No tendrían nada de qué conversar. ¿Qué le vas a decir? ¿Qué la guagua está llena?" Las manos peludas agarraron el mentón de la muchacha. "Tengo que volverme a medir la vista. No veo nada. ¿Esos son pelos o son escamas?" De entre las escamas, salió una lengua gigante que se metió en la boca de la del bikini verde. Ella se dejaba hacer, se perdía entre los pelos, se

46

manchaba de escamas, nadaba en saliva. Cuando terminó el beso, la del bikini suspiró. "¿Estará enamorada? ¿O condenada? Me dieron ganas de vomitar. Ay qué fina, qué fina, la niña estudia medicina". El viejo se tropezó con sus propios pies tratando de levantarse, y el cuadro se hizo más patético mientras él se caía dos veces más en la arena, pero lograba mantener sus ojos de seductor. "Mira, mira, van a pasar por aquí. Disimula que pareces pajusa porque no dejas de mirarlos".

Segundos después, los enamorados la salpicaron con la arena que dejaban detrás sus pies descalzos. Ella se escondió detrás de sus espejuelos y, desde allí, pudo ver la verdad: las tetas caídas dentro del bikini verde, los elásticos deshilachados que le colgaban en las nalgas a la dueña, los pies morados por culpa de la arena caliente. Desde allí pudo ver su ceguera y se vio a ella misma debajo de una palma seca y vio su sorpresa y todas las guaguas llenas de su futuro. Aquello no era un bikini verde, era un aleph. Y entonces descubrió el todo que ni siquiera imaginaba oculto: "Es verdad que nunca podré ser amiga de esa mujer, si es mi profe de matemáticas. Mañana mismo tengo que ir al oculista." ■

Es de familia

ENTRO AL CUARTO. ÉL TIENE LA COSTUMBRE DE dormir de espaldas a la puerta. Ayer trabajó tanto en la computadora, es tan temprano y se siente una temperatura tan agradable que estoy segura de que no se va a despertar. De todos modos, debo acercarme despacio. Despacio también me acuesto. Comienzo a besar su espalda desnuda, masculina, perfecta. Él se retuerce en mil arrullos, sonidos que no entiendo. Supongo que son de placer, así que lo sigo besando, recorro su cuerpo con las dos manos. Todo así... despacito, sabroso. Él se mueve más. Estoy segura de que siente el anuncio del placer y mi sangre hirviendo ante la esperanza del contacto con su piel.

Llevo como cinco minutos en esta calentura. Deben ser más que suficientes para que esté a punto caramelo. Le sigo dando lengüita, despacio. Él sigue de espaldas. Es raro. Pero no voy a desistir ahora. Me dan ganas de morderlo. Evito ser demasiado agresiva, que luego se espanta y me deja en blanco. Por los sonidos de su garganta apuesto a que quiere estos besos, apuesto a que se excita con el peso de mis tetas en su espalda. Le voy a acariciar los huevos, apretarlos un poco, a ver si me deja hacerle sexo oral hoy. "Noooo", dice quedito. Su negativa suena como la sílaba final de algún arrullo dulce, pero en realidad es un martillazo en el dedo gordo del pie, un golpe eléctrico en el codo, una caída libre. Esto no es fácil. Estamos en las mismas hace, por lo menos, cuatro meses.

Me separo de él como si me hubiesen puesto un cohete en el culo. Cada vez que me rechaza así, yo me siento como una puta. Rogar por sexo no vale de nada en esta casa. Así que mejor me ahorro el lamento. Aquí lo único que no se agotan son mis fantasías sexuales, los videos pornográficos encriptados en mi computadora y las ganas de que me cojan el culo. Masturbarse y ver porno, masturbarse y ver porno, masturbarse y ver porno, no necesariamente en ese orden, son las estrategias de contención de la infidelidad, son la infidelidad más económica, la infidelidad menos comprometida. Aunque este hijo de puta seguro que no podría distinguir entre una vagina fiel y una infiel, para él todas deben ser casas del horror.

No me dio tiempo ni a quitarme la ropa. Mejor. Permanecer vestida me facilita salir corriendo de esta atmósfera de frustración que nos envuelve cada vez que pasan estas cosas. Él debe tener una vida sexual paralela. Tiene que tenerla. Bueno, paralela no, tiene que estar con alguna tipa, o con algún tipo, o con un perro, porque es imposible que pasen tantas semanas y no quiera tocarme. Carajo. A veces el pasillo de esta casa es un lugar interminable como la vida.

Pero hasta esta eternidad es una consolación en medio del show. Es la única forma de demorar un poco más el instante malévolo de encontrarme de frente con mi suegra, acabada de levantar, con su ropón manchado de grasa, sentada a la mesa del comedor. Ella toma con desgano su café con leche, ocupando la silla de siempre, con el labio manchado como siempre, con sus canas rebeldes de siempre. Esta es la culpable de toda esta mierda que vivo. En su cuerpo no hay una dosis de estrógeno. No besa al marido, no se deja tocar una nalga. Seguro que fue de ella de quienes aprendieron sus hijos a ser tan pajuatos, tan muertos con las mujeres. Coño, es que debí conocerla a ella primero, quizás me habría ahorrado tanta calentadera gratis, todos estos besos perdidos (y todavía tienes ganas de hacer poesía).

Mi padrino me lo dijo hace tiempo. "Como que me llamo Virgilio, puedo asegurarte que los santos no están contentos con tu destino mi ahijá. Ponle una vela a Yemayá y otra a Ochún, a ver si te iluminan ese camino que tú por cabezona no quieres dejar". "Ya padrino, deja esa muela. Tú sabes que la vida es así, un rato arriba y un rato abajo. Ya estaré arriba otra vez". Pero cómo me acuerdo de ese flaco maricón en amaneceres como este. No entiendo por qué ha dejado de llamarme después de tantos años de amistad.

"Desayuna", dice mi suegra como frígido sargento de mando. "No quiero". Gruño. No voy a desayunar, con este encabronamiento no puedo desayunar. Enciendo mi computadora, que hecha raíces del otro lado de la mesa. El mantel me enseña sus manchas de pescado y arroz. El peso de la vieja máquina cae sobre mis hombros. Sé que es demasiado tarde para dejar a éste comemierda, para recoger mis cosas y salir corriendo de aquí. Me han alcanzado los 35 años y he perdido los últimos tres alimentando mi amor por él a base de sabiduría popular: "La calle está malísima", "ningún hombre vale la pena", "tienes suerte de que tu marido te lo dé todo". Pero a la santa que soy de verdad que le está haciendo falta un buen revolcón para volver a centrar sus chacras. Necesito que alguien me muerda las tetas, que me succione el clítoris hasta arrancármelo, que me asfixie, me hale los pelos...

Pero nada, me aguanto. Al final, la vida es más que sexo. Eso dicen. Abro un documento de Word y comienzo a teclear."Mis padres me enseñaron que en Cuba había un solo lugar donde se podía ser completamente libre y ese lugar era, es y será mi cuerpo". ¿Pero qué mierda es esta, Dios mío? ¿Un ensayo, un cuento, una declaración de impuestos, un bodrio, otro castigo de la vida?

Al releer separo las manos del teclado. Las dejo en el aire como esperando una inspiración divina que jamás llegará. No me gusta sentirme apagada el día entero, como si alguien desconectara el interruptor de mi cerebro, vigilando la hora en que mi marido llega del trabajo para poder masturbarme antes y estar de buen humor. A veces no se compensan los sustos que paso. Como el día que estrené la crema lubricante de chocolate que él trajo hace más de un mes de su viaje por Argentina. Esa tarde llené el cuarto de velitas, prendí dos inciensos, cerré la puerta con seguro y me di la masturbá de mi vida. Debo haber dado treinta gritos y ninguno repetido.

El problema es que no me di cuenta de que se estaba quemando la cortina de la ventana con una de las velas, así que tuve que inventar un cuento chino para salir del paso. Pero estuvo bien, porque él había traído esa cortina de China un año atrás, y yo sentí que un cuento chino había sido un final digno para aquel telar lleno de chinos cargando agua en larguísimas pingas (y todavía tienes ganas de hacer chistecitos).

Me pregunto si no será muy cruel escribir toda esta mierda que siento ahora mismo. Mi suegra está recogiendo los platos de su desayuno. Esta casa parece un central azucarero cada vez que ella se pone a organizar algún estante. ¿Por qué no se quita la ropa de dormir? Intento escribir algo más, pero con tanta bulla no me concentro. Ni sexo ni inspiración ni viudez. Soy una frustrada, y eso, aunque no es noticia, molesta siempre como el primer día que lo descubres.

Él sale del cuarto totalmente vestido. La licencia de andar sin camisa tampoco se la otorga ni en este agosto de candela. Es un santo. Pajuato, pasmao, tortillero, comemierda, impotente, enano, pichacorta, peste a boca… Me da un beso en el oído y me dice que vea la parte buena de la vida, todo lo que hemos logrado en esta relación, cada objeto que adorna nuestra casa (que no es nuestra, por cierto). "Deja de hablar mal de mí en tus cuentos". "Ven acá, ¿y quién te dijo que esto se trata de ti? De verdad tú te crees que eres el centro del universo". Los ganchos verbales podrían traducirse en tensión sexual… pero no, en su sangre no hay nada sexual, ni siquiera tensión.

Qué lástima que el baño de esta casa sea tan pequeño para masturbarme a gusto. Los domingos son la misma mierda en todos lados. Mi suegra tira otro plato en el lavadero. Le grita a su hijo que me deje en paz, que "secreticos en público son de mala educación", que vaya a desayunar. (¿Qué tenemos, vieja, 12 años?) Cuando él obedece a su mamá, sé que ha llegado la hora darme una ducha de agua bien fría. En el cuarto del fondo, sin embargo, comienza a escucharse el llanto. Se ha despertado Ariel. Corro a cargarlo para que no se altere demasiado. No soporto escuchar su lamento. No soporto estarle limpiando los mocos verdes todo el día. Lo saco de la cuna y enseguida me sonríe con su dentadura vacía. Beso su frente blanca, perfecta, tempranamente masculina. Contemplo el contraste producido entre la piel oscura de mi brazo y su total palidez. Ariel es igualito a su papá. ◼

Don't smoke in bed

Volvió a pensar en él una semana después de la noche en que tuvieron sexo. Y volvió a pensar en él digamos que en un momento bastante insólito: mientras arrancaba los sostenes talla 32B, más baratos de las perchas interminables del International Mall. En la ciudad de Miami no amanece a las 4 de la mañana, como sí sucede en la primavera de Chicago. Y fue raro que en la avalancha de cálculos fugaces que le cruzaban la mente, entre ajustadores floreados y rellenos de esponjas, pensara no en su cara varonil, ni en las líneas firmes que hacían su cuerpo, sino en lo útil que habría sido en Chicago toda esa sexy y colorida ropa interior que ahora cargaba. Entonces ella no habría estado preocupada porque el temprano amanecer la descubriera en los blúmers más cómodos y antisexys de su equipaje de mano, y podría haber coqueteado un poco más ante el inmenso espejo de la sala, podría haberse sentido menos cohibida en el exquisito empaque de moda primer mundista, podría haber hecho juego con la alfombra y el edredón y el piso de maderas disparejas. Encontrar a un cubano en Chicago había sido una suerte, poder llevarlo a la cama había sido sacarse la lotería, desterrar el frío, sentirse otra vez cerca de casa.

Pero estaba ya a cuatro horas de distancia de toda aquella mierda, a siete días de distancia de aquella noche. Y esta vez, como aquella, decidió seguir olvidando a quien era imposible reencontrar. Así era esto de ser migrante. Es mentira que se pueda tener en cada puerto un amor, porque lo más saludable es tener en cada puerto un olvido. Por eso se felicitó de haber necesitado tantos días para pensar nuevamente en él. "Has madurado", se dijo. Y decidió acabar de espantar su fantasma con algún gesto de amor a sí misma.

En el siguiente departamento de la tienda, compra ligas azules, todo a juego con las flores de la más caliente ropa interior que lleva en la bolsa. Claro que le toma media hora decidirse porque las ligas cuestan más recontra caras que toda la compra del día. Y mientras entrega el cash a la dependienta piensa que está pagando el equivalente a un mes almorzando pizzas de 10 pesos en La Habana. Pero quien habría podido reírle el chiste está a siete noches de aquella frase, y La Habana es solo un recuerdo en su pasaporte lleno de estampas desconocidas. Así que te tragas el chiste.

Llega al discreto SPA del Mall guiándose por su sentido del olfato. Una puerta, un pasillo, un maniquí tocándose las piernas. Busca la media luz hacia donde la guían el etéreo ritmo de una sonoridad encartonadamente oriental y el humo de un invencible incienso. En voz baja, sin saber cómo lidiar con su propio eco, ni con la indiscreción de otras seis recepcionistas, pide en español una depilación con cera. La mujer del otro lado del mostrador se baja los espejuelos, para preguntar: "¿Con cera o con máquina de afeitar?". El ambiente se condensa a su alrededor, las miradas lucen indiscretas, las risas contenidas casi pueden escucharse, todas las mujeres que están en esa sala saben interpretar la verdadera frase detrás del desprecio: "Se ve que no tienes un dólar para pagarte una depilación que valga la pena, balsera". Y ella, que hace por lo menos cinco años que no regresa a Cuba, de todos modos, siente el peso de su pantalón empedrado de balsera. La hunde una palabra que no le pertenece, con la que bautizan aquí a la gente recién llegada de Cuba como si fueran una especie en cuarentena, a la que le falta silicona para ser aceptada en la camada. Y ella se sabe balsera con pasaje de regreso a México, balsera con visa de entradas múltiples a Estados Unidos, balsera académica, balsera recién llegada de un congreso en Chicago, balsera soltera que habla español, inglés y francés, pero solo porque está buscando trabajo y no marido: "Me voy a depilar todo el cuerpo, señorita, pero empiece por el bollo que si me duele ya me lo llevo hecho". Haber caído en la trampa no la priva de disfrutar el sabor de la venganza. Los espejuelos de su interlocutora se empañan de vergüenza, mientras ella comienza a pensar en cuán pocas palabras son necesarias para matar al feminismo. Aquí los tratados académicos no importan porque las pequeñas batallas de la vida la siguen ganando mujeres con uñas de gelly, siempre inconformes con sus cuerpos perfectos.

El frío de la camilla donde la mandaron a acostar la devolvió a su soledad. El contacto de la cera caliente sobre la piel le produjo un terrible dolor. Pensó otra vez en los libros sobre feminismo, y entonces su dolor casi se volvió un orgasmo: Por algunos segundos olvida que la estilización de su cuerpo no tiene más motivo que enfrentarse a los prejuicios económicos de la mujer que la depila. Por segundos piensa que, quizás, en la caminata de la noche podrá encontrarlo de nuevo y hacerle el amor de nuevo con un cuerpo más estilizado, desnudo... quemado, "ay, qué dolor". El calor de la cera subiendo por el vientre le recuerda vivamente el ardor de su costilla derecha, sometida bajo el cuerpo de él, sobre la alfombra; le recuerda la impertinencia de la luz, de nuevo esa luz madrugadora de Chicago, viva desde las 4 de la mañana. El primer jalón del papel rasgado sobre la piel la devuelven a Miami. "Esto es un infierno cojone", dice para defenderse.

No sabe cuánto tiempo ha pasado desde que se adentró en los pasillos techados del Mall. Pero es evidente que afuera ha oscurecido. Camina con las piernas muy juntas y el olor del invencible incienso en el cabello (los únicos pelos que le quedan en todo el cuerpo). La balsera resistió y pagó la depilación más cara y dolorosa del mundo. Así que además de balsera es oficialmente pendeja.

"¡Oye!", gritó desde su teléfono al buzón de voz de su amigo, "ya salí. Apúrate en recogerme, por favor, que está lloviznando y el tráfico de Miami no hay nervios que lo aguanten, menos con esta lluvia". Loco mes de mayo que se reparte entre recuerdos de aguaceros que ya no caen sobre La Habana, pero que, uno más, se han mudado a la Florida. En el inmenso parqueo, perdida entre cientos de carros con colores idénticos al de su amigo, la empapa la lluvia. El agua corre sobre las piedras de sus jeans, le riza el único pelo que le queda, y trata de colarse entre las bolsas de nylon llenas de ajustadores, blúmers, flores azules, y rellenos. Frías las gotas, como las de aquellos chorros de la fuente de vidrio de Chicago, a cuya vera lo vio por primera vez, sentado como si no fuera extraño que fuera el único cubano por todo aquello, como si él hubiera fundado la ciudad o aquella ciudad fuera una de las noventa versiones de La Habana. Dio con el carro que buscaba cuando estaba a punto de encojonarse seriamente. Lo de en cada puerto un olvido se le estaba haciendo agua con aquel aguacero. Extrañaba algún abrazo, un calor conocido en medio de aquella nada.

Cuando llega a casa de su amigo, confirma que lo único seco, entre todas sus cosas, es la nueva ropa interior. Entra al baño pequeño de la sala, y sin darse muchas explicaciones, se pone el juego más escandaloso. El amigo le alcanza un pulóver a través de la puerta entreabierta, "y un calzoncillo de patas, chino, que me muero del frío". Pero el ruido del aire acondicionado se traga su petición, y ella sale a buscar el calzoncillo con las ligas puestas, sin zapatos, en pulóver, con el cabello mojado.

A penas quince minutos después, tirada sobre el mullido colchón, ella entrecierra los ojos, y por mucho que se esfuerza, solo recuerda a su amigo arrancando con descuido la ropa interior. Siente la quemadura que provocan sus dedos bruscos sobre la piel sensible. Ve de nuevo cómo caen al piso las ligas, los rellenos y las flores azules, mientras las persigue en su corto vuelo, tratando de averiguar si se le jodieron ya con aquellos tirones, si se jodieron tan pronto, tan nuevas, tan acabadas de comprar.

Su amigo no notó la delicadeza de la piel recién depilada, y ella aceptó valiente la embestida cruel. Perdida entre el sonido de la lluvia, como digna balsera, gritó, imploró que la arañaran fuerte, que le golpearan la cara y las tetas. El dolor también servía a veces para sentirse acompañada.

Ahora, bajo todas las luces apagadas, Nina Simone canta desde las inmensas bocinas empotradas en la pared. "Don't smoke in bed", dice Nina. Pero ella y su amigo, de espaldas uno al otro, no le hacen caso.

La lluvia afuera arrecia, empantanando la oscuridad de una habitación llena de ajustadores rellenos y flores azules ¿rotas? Hace una eternidad que ella se ha ido hacia alguna versión de La Habana. La inmensa balsa que se le figura Cuba flota sola en su imaginación, sin destino. Ella no extraña nada de aquello, pero extraña volver a tener un hogar, quiere dejar de saltar de alquiler en alquiler, de país en país, de idioma en idioma. A veces se puede estar más cerca de la balsa cuando se comparte el camino con otro balsero. Las luces de la bocina le recuerdan otra vez la temprana luz de Chicago, el único lugar, en mucho tiempo, donde se sintió de regreso a alguna parte. Recuerda con exactitud cómo la molesta luz ilumina la exquisita delgadez del cuerpo de él, cayendo desde el amplio ventanal hasta la alfombra. Reconoce hasta el acento de sus gruñidos, cree adivinar el mapa de un archipiélago en las marcas de su espalda. Saborea de nuevo sus besos de cigarro, siente entre sus manos las continuas vueltas de sus breves cabellos. Piensa en las malas palabras que volvió a enseñarle en una sola noche. "Todos los cubanos sabemos decir groserías muchacho", susurra. Sabe que esa sería una buena línea para romper el silencio entre dos balseros que van la deriva por el mundo. Y comienza a hablar muy bajo con el amante que debe olvidar pronto. Compone el rostro lejano, el timbre de la voz, la picardía de una extraña sonrisa que nace del medio de los labios. En su recuerdo el hombre se torna una hermosa casa de amplios ventanales y chimenea de ladrillos, una casa con chimenea que flota sobre una balsa. Susurra su nombre ¿o es Cuba lo que ha dicho?, habla tan bajo que su amigo no la escucha, juega con las sílabas de las palabras y sigue flotando, perdida interminablemente en la nostálgica espiral del humo de Nina. ◼

Las mañanas del sábado

"No tienes toda la información para hablar sobre ese tema". El tono no era el de una frase conciliadora. Era su manera de decirle: "Cállate ya", como se lo había dicho tantas veces antes; como se lo habían dicho tantos otros hombres antes. Ella lo sabía, entendía el código, lo había aprendido a base de maltratos más explícitos y crueles que aquel. Así que otra vez calló, sin demasiados complejos, como los perros que aprenden a dejar de ladrar al ver el periódico.

"Y ahora, ¿por qué te pones brava? ¿Qué te dije?", le reprochó él de todos modos. Y ella supo que debía disimular cualquier malestar, o la mañana de aquel sábado luminoso sería amarga. "No, no, si yo no estoy brava", y para hacerle parecer que todo iba bien comenzó a hacer preguntas que él podía responder desde su magnificencia. "Entonces, ¿tú crees que esa es una buena Universidad?" "Una de las mejores del país". "¿Y a ti te gustaría trabajar ahí?". "Ya sé que a ti no. Pero a mí sí me encantaría trabajar en esa Universidad, es una maravilla, aunque tú sigas creyendo que no vale nada y aunque pongas esa cara de perra acongojada. En realidad, necesitas informarte un poco más". "Seguramente", afirmó ella, tratando de lucir enfática, pero sin demasiada sumisión; tratando de lucir segura, tratando de cambiar la cara de perra acongojada. Tratando de lucir auténtica en aquel "seguramente" que era todo menos un "seguramente". Aquella mañana de sábado valía todos los intentos.

Él le dijo otra vez: "Infórmate, porque la verdad que no puedes andar por ahí repitiendo cosas que escuchas", y ella no pudo evitar acordarse de su padrastro y la primera vez que la mandó a callar porque ella estaba hablando mal del presidente. Después le dijo: "Tú no sabes nada de ese artículo editorial, ni sabes nada de política". Y si a su padrastro no le importó el Premio Nacional de Periodismo Económico que ella había ganado el año anterior; ni le importó que fuera todos los días a una redacción a escribir notas informativas y artículos editoriales sobre aquel mismo presidente de mierda; a ella tampoco le importó que él fuera el hombre al que su madre le permitía gritos y empujones todos los días. Por eso, entonces, ripostó. Gritó, pataleó, le dijo que si ella no sabía nada de periodismo él sabía mucho menos, que era un guardia de mierda, un comunista ciego. Entonces a su mamá tampoco le importaron los nueve meses que la había tenido en la barriga. La botó de la casa. Y ella, al poco tiempo, sin un lugar fijo donde quedarse, tuvo que volver con la cabeza baja. No pidió disculpas, pero aprendió que a veces la única rebeldía posible era dar a los otros por imbéciles. Por eso cuando él le repitió que ella no tenía toda la información para criticar aquella Universidad, precisamente aquella Universidad, ella simplemente pensó en el hermoso sábado que podría ser aquel y trató de no parecer demasiado molesta. Asintió, hizo preguntas tontas, aceptó todo

como había aceptado ya hacía mucho su destino. Él seguía mo-
nologando sobre las ventajas de tener una plaza fija en cualquier Universidad, porque en esos espacios era donde único
era posible gestar un verdadero cambio social. Entonces sonó
el teléfono en la mesa de noche. Ella dijo bajito: "Perdón, pero
necesito contestar". Él la miró: "Claro, claro, contesta amor".

"¿Sí?", y ella escuchó del otro lado la voz de Abigail, su se-
cretaria: "Hola doctora, disculpe que la moleste un sábado
por la mañana; pero la necesitamos aquí en el Departamento.
Hubo un problema con una estudiante de Comunicación, y el
Rector ha pedido reunirse con todos los decanos. ¿Necesita
que le pida un taxi?" "No, Abigail, no se preocupe, llegaré en
quince minutos". Saltó de la cama, y comenzó a vestirse lo más
rápido que pudo. Las mañanas de sábado eran seres insal-
vables. ◼

Made in URSS

KATI LLEVABA UNA HORA Y MEDIA EN AQUELLA oficina del Servicio de Inmigración de Estados Unidos cuando, por fin, la llamaron. Estaba nerviosa. Había recibido la citación para ese encuentro con menos de 48 horas de antelación, algo poco común. De hecho, todo el trámite era poco común. Ya ella había hecho todo lo necesario para obtener la jodida Green Card: llenar la forma I-485 actualizada y enviarla en un sobre certificado a una oficina en Chicago. Dar las huellas dactilares en una oficina en Hialeah. Ir a la entrevista en aquella misma oficina en Hialeah. Por su cuenta y la del servicio telefónico de USCIS y la de los cientos de cubanos consultados, tocaba el turno de que le llegara su tarjeta de residencia, en un sobre blanco y corriente, tan corriente que debía tener cuidado de no botarlo. Por eso aquella cita la tenía nerviosa. En ninguna de sus listas de cosas "Por hacer" estaba contemplada.

En perfecto español, la recepcionista la llamó por segunda vez: "Señorita Katiuska Pérez Acanda". La sobresaltó no ser "B13". De repente se había vuelto un nombre completo, como cuando su mamá la regañaba; como cuando la profe Eumelia pasaba la lista en segundo grado, o como cuando Luis le pedía todo el dinero que había hecho la noche anterior, sospechando que ella había inclinado a su favor las ganancias: "No te hagas la inteligente conmigo, Katiuska Pérez Acanda", y le palmeaba la cara. La misma cara roja de estrés que la acompañaba rumbo a la silla señalada por la recepcionista de Inmigración.

Kati camina despacio. Quiere lucir tranquila. Al final su mayor virtud ha sido saber comportarse siempre de manera diferente en diferentes lugares, y no parecer casi nunca lo que era a todas horas. Kati sabe disimular. Kati puede ser la mujer que otros quieren que sea. Pero está nerviosa. Por eso, entre el bulto de papeles y escritorios que la rodean, Kati solo ve con nitidez la silla negra que la recepcionista ha señalado. Kati se sienta.

Lo primero que la sorprendió fue lo sabroso que estaba el oficial que iba a atenderla. Iba a cruzar las piernas para regalarle al tipo un vistazo rápido de su calzón de encajes blancos. Pero contuvo al instinto.

—Are you Katiuska Perez Acanda? -Ni buenos días, ni perdona la molestia, ni una pinga.

—Espanish mister plis.

—Sí claro, señorita, claro —Y cuando Kati distinguió el inconfundible acento colombiano se arrepintió de no haber cruzado las piernas— ¿Es usted Katiuska Pérez Acanda?

—La misma.

—Está muy bien. Muchas gracias. Es todo.

—¿Qué es todo qué?

—Que se puede retirar, señorita.

—¿Ya?

—Si, señorita Katiuske.

—Ka.

—¿Qué?

—Ka-tius-ka.

—Señorita Ka-tius-ka, muchas gracias.

Y Kati tropezó con el punto final de la oración de aquel colombiano y salió como alma que se la lleva el diablo. Le habían recomendado no buscar problemas, "ni levantes mucho la voz, ni protestes por perder un día de trabajo, ni vayas a cagarte en la madre del oficial de inmigración", le advirtió su abogada. Pero, de hijo e' puta pa alante, Kati lo nombró mil veces en su cabeza mientras caminaba hacia estacionamiento de la oficina de Hialeah. "Al final ni estaba tan bueno".

Era la segunda vez que le hacían lo mismo. Primero fue la jodedera con su acta de nacimiento. La tuvo que entregar dos veces. No le dieron una explicación. Que se las mandara otra vez y ya. "No cojas lucha, dile a tu mamá que vaya al Registro de Población en Cuba y certifique esa mierda", la abogada lo decía fácil. Ni a ella ni a los gringos le importaba que su madre estuviera enferma de los nervios y se estresara por nada. Kati no supo nunca cuál era el problema con el primer documento. La abogada le dijo: "ellos mandan y tú obedeces". Pero otra cubana, a quien conoció en la cola del Walmart, le comentó que seguro eso le había pasado porque su acta de nacimiento decía que había nacido en Kiev, en la antigua Unión Soviética, aunque le recomendó que no se preocupara de más, que "aquí todo se resuelve, mijita".

Efectivamente, Kati había nacido en Kiev en 1976, nueve meses después de que su madre y su padre, dos cubanos, estudiantes destacados de ingeniería mecánica, becados para terminar su carrera universitaria en la solidaria URSS, se equivocaron al contar los días de ovulación. Era negrísima, como confirmación de que el accidente de su nacimiento era solo eso, un accidente. Como ella, otros miles de cubanitos *made in URSS* naturalizaron pronto la casualidad y hablaban de Kiev, Ucrania y la URSS como si fuera el hospital de Maternidad de Línea en La Habana. Al final, esos espacios hacían la misma función en sus vidas: ninguna. Si en migración alguien le preguntaba: ¿De dónde eres?, los *made in URSS*, siempre respondían "De La Habana" o "De Camagüey" o "De Las Tunas". Para todos era natural ser cubano nacido en Kiev. Para todos, menos para los gringos. Por eso ellos no aceptaron que Kati se equivocara al llenar la forma I-485, ni les pareció tan natural que su acta de nacimiento dijera: "Lugar de nacimiento: Kiev", "Ciudadanía: Cubana".

Después de eso, Kati aprendió a recordar, todos los días del mundo, que era una cubana de Kiev. Lamentaba que la enseñanza le hubiera llegado tarde. Ahora el singao de Bush nunca le iba a mandar su Green Card, envuelta en un sobre blanco, común y corriente. Para ella era evidente que el gobierno de Estados Unidos la creía una espía rusa.

—¿Espía qué? —le preguntó en un grito su mamá, cuando Kati le comentó sus ideas al teléfono—. Pero ¿cómo me vas a contar eso por teléfono? ¿Tú estás loca?

—No madre, no. Lo que estoy es desesperada, si ellos creen que soy una espía rusa nunca...

—El coño de tu madre —la interrumpió su mamá—. Yo te he enseñado más que esto, Kati...

Kati suspiró. *Big brother* había sido *big mama* toda su vida.

—Bueno mami, solo quiero decirte que mis papeles acá no se arreglan. Las cosas con los rusos están que...

Del otro lado del teléfono sonó un timbre cortado. Su madre había colgado. Kati decidió no llorar. Nunca llora. Si no le querían dar la residencia americana que no se la dieran. Pensó que ya encontraría alguna forma para solucionar su problema. Si robarle a Luis no la había quebrado; si la estafa de su contacto en Colombia no la había quebrado; si cruzar toda América Latina a pie para llegar a la frontera de México no la había quebrado; ni aquel sicario que la violó en el hotelucho de Tamaulipas la había quebrado, menos la iba a quebrar unos gringos burócratas de mierda ni la loca de su madre. Sonó el teléfono. Kati no reconoció el número en el identificador de llamadas.

—Aló — ¿Mamá arrepentida? ¿Un vendedor?

—Aurora, vos no tenéis que procuparos, que todo va a salir bien. Solo sea precavida, mija. Quizás es momento de que cambie su número de teléfono.

—Número equivocado.

—Aurora— repitió el Colombiano—, el cartón verde le va a llegar en diez días, en un sobre blanco corriente, sin remitente. Ya no sabemos de qué forma hacerle entender que se calme. Le dije esta mañana que todo estaba bien. Tenemos las cosas bajo control, pero demoradas por las sospechas nuevas. La señora de Walmart también se lo dijo claro: el cartón demora, pero el cartón llega, mijita.

—¿A mi casa?

—No, mijita, a su casa no. Usted sabe más que eso.

—Colombiano, me dijeron que esta llamada iba a tener el código de Madrid. Igual ya era hora de que aparecieras, hijo de la gran puta —y fue Kati quien colgó. ∎

Pica poquito

AYER ÉL COCINÓ, HOY ME TOCA COCINAR A MÍ.
Dí-a-de-tra-ge-dia-na-cio-nal. Ya sé que es día de tragedia
porque mi suegra no puede verme en la cocina sin ir a meter
las narices. Me gustaría decir que la culpa es de él, porque cinco años después de casados seguimos viviendo con mi suegra. Pero honestamente, la culpa no es de él. Desde que llegué
de Cuba, tres veces ha intentado sacar a su madre de la casa
por distintas vías y nada. Cómo se prende la condenada vieja.
Vamos a rentarnos nosotros solos, sin avisarle, sin darle la dirección, llegué a sugerirle-rogarle un día; pero él me dijo que
no, que esa no era la vía para solucionar el problema. "Zedillo
ha puesto este país patas arribas y hay que ayudar, aunque
sea, a la familia", martilló mis dilemas. Por eso, a veces, aún me
doy el lujo de pensar que, si seguimos atascados con mamá
suegra, es por culpa de él.

Pero, más allá de la repartición de culpas después de cinco años de guerra fría y crisis internacional, me toca cocinar
hoy. Me meto a la cocina en silencio ("Virgen de Guadalupe
que no escuche que ando aquí"), y saco el pollo del congela-
dor ("Te enciendo una velita si no se entera, San Juditas"). Voy
a hacer sopa de pollo, tengo que hacer sopa de pollo porque
él está enfermo. El grito de guerra planta bandera desde la mis-

mísima puerta de la cocina: "¿Sopa de pollo un domingo? De verdad que estos cubanos son crípticos, indescifrables. ¿Y tú no le pones sal cuando empiezas a hervir el agua? ¿En Cuba no hay sal?... ¿o no hay agua? Ay, pero qué feas estás picando esas papas. ¿En Cuba no hay papas? Mejor yo las pico. Pero ¿le vas a poner papas a la sopa? Estos cubanos..." Respiran, estos cubanos respiran. Yo respiro. Uno... dos... tres... cuatro... La vida es más que esta media hora en la cocina disfrutando de la compañía de mi suegra. "¿Vamos a hacer la sopa con tomate?", me pregunta, retorcida de entusiasmo. ¿Vamos? ¿Vamos? ¿Vamos? me recontrapregunto y me vuelvo a preguntar. Tengo que hacer el esfuerzo para no responder que antes de ayer le tocaba cocinar a ella y que tuvimos que ir a comprar hamburguesas, porque eran las cinco de la tarde y esta singá cocina no se había encendido, ni ella tenía intenciones de meterse a la casa y dejar el comadreo con las vecinas para ponerse a cocinar. ¿Así va a ser siempre esta historia, suegra? ¿Hamburguesas antes de ayer y "nosotras, tú y yo, vamos" a ponerle tomate a la sopa hoy? Qué un mal rayo me parta en dos y me siembre seca en este desierto. No tengo paz con esta mujer y tiene más salud que Fidel Castro. "Yo no sé hacerla con tomate", le digo con la voz más tranquila de mi repertorio de nuera paciencia, como si tuviera que amarla y respetarla a ella también hasta el último de mis días. "La sopa de tomate es igualita a la que tú haces", me riposta como un tiro. Touché. Se ve que ha estado ensayado esa respuesta. "Qué bueno", contesto y saco las viandas combinadas en la bolsita para picarlas más chiquitas. "No, no, no. Pero no la piques hija, a mí me gustan las verduras así grandes, que se vean en el plato". Es toy a punto de llamarlo, me da pena que tenga fiebre y que esté jodido del estómago, pero se va a tener que levantar de la cama o en esta cocina van a arder Troya y otros lugares comunes.

"Entonces no es como yo la hago, doña suegra." "Sí, sí, todo igual, pero al final la voy a sofreír yo, como me enseñó mi mamá, que lo único que sabía hacer en esta vida era cocinar". Antes me llamaba mucho la atención que esta señora siempre hablara en un susurro, con esa no-voz que le sale de la garganta como si no tuviera una lengua que la articulara en el camino. Después descubrí que así, como ella, hablan todos los villanos de Disney que se pasan la película conspirando contra otros. Y yo solo me pregunto, aquí parada, estoica en MI cocina: ¿Por qué no hiciste la cabrona sopa con tomate antes de ayer que te tocaba cocinar? Y estoica me aguanto del cuchillo con las dos manos, para darle un corte feroz a la jícama que pondré de postre. Estas frutas desabridas han salvado a esta vieja de morir en mi cocina no sé cuántas veces y han salvado a esta cubana de pudrirse en un CEFERESO femenil por homicidio preme ditado contra un nacional mexicano.

"A mí la sopa de pollo como único me gusta es si está bien roja y con las verduras grandes. Porque tú picas la comida que parece para pollos, pero bueno dicen que es cosa de gente fina... ¿o de gente pobre? picar todo así muy chiquito, chiqui-tito, que aunque uno ni le agarra el sabor en la boca, se reparte mejor..." Seguirá criticándome desde el elogio durante diez minutos y catorce segundos. Esa ha sido siempre su mayor virtud, su mayor aporte a la literatura oral: el elogio invertido desde la hijaputancia. Pero yo estoy a punto de caerle a patadas a la jícama porque ya el cuchillo no me aguanta la ira.

Entonces veo cómo se mueve su garganta para empezar a no-articular otra frase y ya sé que ha descendido a mi cocina el Armagedón. "Yo te digo, hija, que mijo está enfermo por esa hamburguesa que ustedes compraron antes de ayer. Ya le he dicho que no hay que estar comiendo comida en la calle cada tercer día, es muy mala la costumbre que ustedes tienen. Hay que cocinar en la casa, hacer platos saludables, unas tortillitas de maíz hechas a mano, en el comalito". Qué-yo-no-sé-hacer-tor-tillas y que me viro y que le clavo el cuchillo en la nalga derecha, y que le doy vueltas al cuchillo hasta sentir cómo la mano se me caliente con esa sangre de suegra que es puro veneno. Entonces ella da un paso hacia el lavadero donde estoy parada, me mira a los ojos y escupe con rabia: "Atiende, atiende a lo que estás haciendo que te vas a cortar. Estás en las nubes, como siempre. Pinche cubana. Es más, déjame esa jícama ahí que ahora mismito yo la termino de pelar". "Sí, suegra, ahí se la dejo, muchas gracias suegra, usted siempre tan amable". Me seco las manos y me voy con mis sueños de sangre y frustraciones a llorar al cuarto. 𝐧

Quédate

"OPORTUNIDADES COMO ESTA NO SE DAN DOS veces en la vida, Flavia", dijo Marisol con tono oficialista. Le tenía una mano agarrada y la miraba a los ojos como si le estuviera develando los misterios del Apocalipsis. Llevaban como diez minutos en la misma posición, desde que Marisol dijo: "Tenemos que hablar". Era evidente que había ensayado aquella cantaleta: Miami es tu lugar, olvídate de Cuba, es Miami el mejor lugar del mundo para vivir y para los cubanos, bla, bla bla, so estas leyes del gobierno para acogernos no son eternas y tú eres muy joven, ¡girl! a ti no te van a dar visa para que vengas otra vez, este país es para los jóvenes, bla, bla, bla, aprovecha y quédate. Estey jir que en Cuba no va a cambiar nada. Flavia asentía. En La Habana, Marisol había vivido desde pequeña en una casa de dos plantas, en un barrio residencial bautizado Casino Deportivo. En Miami vivía en un tráiler de un cuarto que había comprado en el North West, una de las dos zonas que más aparecen en las noticias locales y nunca para bien.

Pero Flavia no tenía ganas de debatir sobre los ideales de bienestar de su amiga Marisol. A fin de cuentas, no era ella la única que se había convertido en una copia exacta de los demagogos "revolucionarios" que tanto criticaba. Para unos, Cuba era el mejor lugar en el mundo; para sus oponentes, entre ellos Marisol, el mejor lugar era Miami. Ninguno conocía geografías intermedias. En Miami, su amiga era la quinta persona que le decía "Quédate" con tanta convicción. El primero había sido Yoel, hermano menor de Marisol, cuando le hizo el favor de ir a recogerla al aeropuerto. La segunda había sido su prima lejana Hilda, madre de cuatro hijos, dependiente del Children and Families. La tercera había sido Yulitza. Flavia creía recordar que se llamaba así: Yulitza. En realidad, no la conocía. Fue una trabajadora social que encontró en casa de Hilda la tarde en que fue a visitarla, pero que le dijo "Quédate" como si la hubiese visto nacer. El cuarto había sido Pepe, su viejo profesor de música. Marisol era la quinta, y Flavia sospechaba que esto se debía a que solo se había encontrado con cinco cubanos durante su viaje. Parecía que allí trocaban la Green Card por algunas expresiones bien aprendidas de extremismo.

Al principio, Flavia había tratado de explicar a algunos su decisión de no quedarse en la ciudad. Pero luego de discusiones medio alteradas y acusaciones de "qué tonta eres" de la tal Yulitza, decidió parar con las explicaciones. La tapa al pomo se la puso el infarto que le dio al profe Pepe. Se encabronó tanto cuando Flavia se sinceró con él y le dijo que no, que Miami no le parecía para nada el lugar de sus sueños y que el capitalismo era la misma mierda en todos lados, que ahí mismo le dio el patatús. El susto que pasó al ver a Pepe agarrándose el pecho con las dos manos, tosiendo hasta ponerse morado, convenció a Flavia de que conversar sobre economía política en

Miami era tan inútil como aspirar a vivir el fin de la guerra fría. Todo el mundo necesitaba sus enemigos para sentir que había tomado las decisiones correctas en la vida. Por eso, ante los argumentos de Marisol, Flavia se limitó a asentir. Un infarto y quince días después de haber llegado, se sentía como atleta de alto rendimiento en evitar discusiones estériles. Ni siquiera tenía que prestar atención al discurso. Sabía que todos los detalles se diluían en una sola exigencia: "Quédate en Miami". O "estey jir", para decirlo en Spanglish, idioma oficial de la ciudad.

Por eso pudo aguantar cinco minutos más de Marisol sosteniéndole la mano y bla bla bla, "rentas carísimas, pero bla bla bla; sin seguro médico, pero, bla bla bla; plan familiar, deudas, pero todo buenísimo bla, bla, bla… bla". "Gracias, Marisol, gracias", dijo Flavia y se zafó por fin de la mano de su amiga, haciendo como si fuera a agarrar su celular para revisar un mensaje fantasma que quizás —meybi— había sonado.

"Oye Mari —Flavia aprovechó el silencio brusco— gracias por aceptar que nos tomemos este café. Sé que tienes mucho trabajo. Pero es que te quería preguntar si conoces a algún mexicano o a cualquiera que viaje a México antes del fin de semana y pueda hacerme el favor de llevarle un sobre a mi esposo". Flavia se asustó con el estruendo de la carcajada nerviosa de Marisol. "¿Mexicano en Miami? ay Flavia, tú no sabes nada de la vida. Si quieres ver a algún mexicano tienes que buscarlo en la construcción o trabajando en un campo o algo de eso". Por algunos segundos, Flavia valoró la posibilidad de que "La construcción" fuera otra ciudad de la Florida que ella no conocía. Pero se acordó de Augusto, el marido de Marisol, porque alguien le había contado que desde que llegó trabajaba con una empresa constructora de condominios de lujo. "Ay Mari, ¿y Augusto no conoce a ningún mexicano en su trabajo?" Marisol se levantó de la mesa como si Flavia le hubiese mentado la madre: "Bueno, me tengo que ir ¿Cuándo te vas? ¿Hay tiempo para otro café? Estoy ocupadísima, pero ocupadísima... bueno, pero dime Flavia, mija, despierta, ¿cuándo te vas?"

Flavia no dormía. Se había aletargado viendo otra vez las ráfagas de palabras que salían sin pausa de la boca de Marisol y preguntándose aún qué ciudad era aquella llamada "La contrucción" de la que su amiga se negaba a hablar con tal vehemencia. "Flavia, mija, despierta". "Ah, sí, sí, Marisol, me voy en una semana. Pero bueno, quería encontrar a alguien que me llevara un sobre a México antes, porque si lo mando por mensajería vamos a llegar casi juntos". Otra vez pareció que una corneta le tocara a Marisol la retirada. "Flavi, bueno, mi vida, me saludas a tu mamá". Azorada, Flavia asintió otra vez. La mención de su madre muerta le hizo caer en cuenta de que llevaba demasiados años sin hablar con Marisol o que su amiga no le había prestado atención a nada de lo que ella le había contado durante el primer café cubano que se tomaron en la tierra del reencuentro.

Marisol se levantó de la silla y empezó a recoger sus cosas desperdigadas por toda la mesa. Era una ventolera de gestos y sílabas sueltas. Mientras guardaba su caja de cigarros verdes en la cartera dorada le contó a Flavia qué lindos hijos tenía una compañera de trabajo a la que Flavia no conocía, pero que seguro le encantaría conocer; agarrar el llavero con la bandera americana de diez centímetros le recordó que la colombiana que le había regalado aquella belleza tenía ocho perros "¡ocho perros!" en el patio de su casa. La fosforera de brillos morados trajo la mención de su jefa, una mujer de 52 años, embarazada y con las hormonas disparadas, que estaba muy alterada la pobre, pero que todo el mundo creía que el marido la estaba traicionando con otra, una compañera de ahí mismo de la oficina que Flavia tampoco conocía —por supuesto— pero que seguro que le encantaría conocer. Ella, la amante del marido de la jefa, era la que le había regalado ese abanico de encajes. "Sí, sí, me encantaría conocerla, bello el abanico", respondió Flavia automáticamente mientras le empezaba a dar calor solo de ver a Marisol ponerse su abrigo rosa, de espalda empedrada.

"¿Un abrigo, Marisol?", le había preguntado cuando la vio enfilar al café bajo pleno sol de agosto, reservándose la crítica al tono fucsia y a las piedras. Pero al ver a la amiga ponerse el mismo suéter en la retirada, Flavia entendió al fin que Marisol llenaba con aquellos colores algo que le faltaba en la vida. "Bueno, mejor regreso al trabajo", dijo otra vez con desorbitada seriedad la cubana de Miami, como si todos los detalles sobre aquella gente de otra galaxia la hubiesen conducido de manera natural al mismo pensamiento: "Pero piénsalo, estey jir y cuenta conmigo".

Intercambiaron estruendosos besos. Flavia vio alejarse el abrigo rosa empedrado de Marisol. Suspiró. Era irónico que aquel "cuenta conmigo" se lo hubiese dicho la misma mujer que dejó tres días en visto su mensaje de WhatsApp antes de aceptar aquel café. En la distancia, Marisol se volvió un abrigo rosa con dos piernas, luego un abrigo rosa sin piernas, una mancha brillante, una calle desconocida. Flavia hizo un gesto rápido al mesero para pagar la cuenta. Desde la barra, él le gritó: "Ya pagó tu amiga". Flavia en un reflejo incondicional, para defenderse del alarido, se encogió de hombros. Al ver el gesto, el mesero entendió que ella no lo había escuchado. Se esforzó y gritó más alto: "Que ya pagó tu amiga, ¡ya pagó!", a la vez que frotaba el dedo índice de su mano derecha con el pulgar y se pasaba la mano izquierda abierta por la base cuello como si fuera un cuchillo en acción: "Que-ya-e-lla-pa-gó". Entre aquellos gritos de amabilidad que bien podían ser amenazas de muerte, Flavia salió del café retando a la velocidad de la luz. Trató de ocultarse entre las sombrillas de las mesas, entre la gente que se tomaba otras cafés, tropezón a tropezón, hasta que se vio en la acera del edificio, y por suerte —eso sí adoraba de Miami— frente al mar.

Cruzó la calle. Desanduvo la acera rumbo a la arena y sintió el calor de millones de cristales de roca cerca de sus pies. Se quitó con cuidado las sandalias nuevas. Pensó que en ese mismo punto del universo podría pasar toda la tarde, con los pies desnudos desgranando pequeños granitos de sal. En realidad, tenía toda la tarde para estar allí. Los libros raros que había venido a buscar al Museo Pérez los había escaneado dos días antes; la misma tarde en que consiguió un acuerdo que iba a hacer crecer mucho el negocio. Y le quedaba todavía una semana para conocer cada pedacito de Miami Beach. Le había prometido a Esteban que disfrutaría el viaje, "sobre todo del mar que tanto extrañas", "sobre todo el mar, mi amor", y se dieron el último beso a la entrada de la aduana. La paz volvía cuando pensaba en Esteban. Él tan sereno, qué diría de aquel torbellino de gente y recuerdos con los que se había encontrado su mujer. Pensar en Esteban la alejaba cada vez más de la cantaleta de Marisol, del infarto de Pepe, de los gritos de aquel mesero en el café, de la extraña caricatura de La Habana que creía ver a cada paso.

Los gritos a su espalda la devolvieron de golpe al calor de la arena. "¡Favia! ¡Flavia!" Era Yelenis. "Muchacha, pero de verdad que esto nada más que pasa en Miami, tú sabes lo que es encontrarte así en la calle". Se abrazaron sinceramente. "Yele, pero qué bueno verte, qué guapa estás". "Pero flaca, ¿cómo no me habías dicho que estabas aquí en Miami? ¿Quedada o de visita?" "Ay Yele mija si es que vine poquitos días y yo pensé que tú seguías en Brasil". "No niña, no pude renovar mis papeles de residencia allá y tuve que salir echando pa acá hace como dos años porque pa Cuba no volvía ni muerta. Pero vamos, vamos a sentarnos en la orilla de la playa ¿Tienes tiempo? Mira eso qué clase de casualidad. Yo vengo todos los días a este mismo lugar a ver el atardecer".

La alegría del encuentro se disipó pronto. Quince minutos después del primer abrazo, Yelenis se convertía en la sexta persona en Miami que repetía las mismas consignas: "¿Qué tú te vas en una semana? ¿Tú estás loca? Oportunidades como esta no se dan dos veces en la vida Flavia, quédate, muchacha, esa es la mejor decisión que yo he tomado en mi vida". A Flavia, sin embargo, le quedaba menos paciencia. "Bueno Yelenis, ni pierdas más tiempo con esa cantaleta ni estey jir ni estey dear, que yo no me voy a quedar en Miami". Yelenis siempre le había parecido más inteligente que Marisol, aunque a las dos amigas las había dejado de ver por la misma época, cuando empezaron a estudiar cada una, carreras distintas en la Universidad de La Habana. Como la última tarde en que hicieron coincidir sus tiempos para juntarse en el Malecón, en Miami la tarde comenzaba a caer sobre el mar, frente a ellas. La costa sur de la Florida es un lugar muy raro. Regala los atardeceres anaranjados más hermosos del mundo, pero como está atravesada en el Atlántico, no se dibuja en ella la silueta del sol para tocar el horizonte. Quizás por eso aquí los migrantes cubanos nunca se curan de sus fantasmas de Cuba. Porque a la copia de su país en la que han convertido la ciudad, le sigue faltando la figura del sol estoico que se funde cada tarde en el mar.

Flavia sintió que era innecesario un silencio tan incómodo: "Mira, ¿conoces a alguien que viaje esta semana a México?" "Haces bien", le respondió Yelenis. "¿Qué?" "Que haces bien en no quedarte aquí. Yo vine de Brasil porque no tuve más remedio. Pero esto es duro Flavi, esto es durísimo. Y no, no conozco a nadie que viaje ni que no viaje a México, estoy prácticamente sola. Esta ciudad es una máquina de moler gente, una máquina de trabajo, una mierda con colorete". "Yele, ¿y tú tía? ¿No estaba aquí desde hace años?" "Sí, sí, pero ya casi nunca nos comunicamos, ella tiene sus cosas, su trabajo, sus nietos, ya sabes, su vida". "¿Y hablas con Marisol a menudo?" "No mucho, los días de su cumpleaños, los forth-of-yulai y fechas así". "¿Sabes si ella sigue con Augusto?" Lo más extraño de todo es que el naranja del atardecer de Miami siempre se vuelva más intenso un segundo antes de desaparecer. "Sí, sí, respondió Yelenis, sigue con el Augusto, pobre, tremendo jan que se está metiendo en la construcción, siempre está trabajando, pero la monga de Marisol dice que, para que el banco no le quite el crédito del carro, tiene que decirle a todo el mundo que Augusto es arquitecto y gana un varo". "¿Y eso Yelenis? ¿Entonces cómo paga el carro?" "No lo paga ella, niña. Dicen que se lo paga un mexicano ahí, gerente de un banco, con el que anda pegándole los tarros al pobre de Augusto. ¿No viste que hasta se puso tetas de silicona?". Las dos rieron con todo el cuerpo, rieron sin prisa, con sus recuerdos. Flavia encontró en la anécdota cierto sabor a una venganza menos dramática que el infarto de Pepe.

El gris ocupó todo el horizonte. "Maní, manicero, manicero, maní", creyó escuchar a lo lejos, en la calle o en su adolescencia habanera. ¿Un manicero en Miami?, iba a preguntarle a Yelenis, pero la amiga anunció sin preámbulos que se marchaba. Ando en bicicleta, dijo. No quiero que se me haga muy noche, dijo. "Sí, mija, yo también tengo que irme", fue la respuesta de Flavia, sin aclarar que irse, "irme", significaba irse de la playa, de Miami, de Estados Unidos, que "irme" era cambiar su boleto de avión hacia México para la mañana siguiente, o esa misma noche, "lo más pronto posible, por favor", le diría a la mujer de la aerolínea (siempre esas llamadas las contestaban mujeres). Alertas de la posibilidad de que aquello fuera otra despedida, en el siguiente abrazo las dos amigas se extrañaron al no reconocer en el cuerpo de la otra la delgadez que permanecía intacta en sus memorias. "Qué bueno verte flaca", retó Yelenis a la extrañeza. "Qué bueno verte amiga", la volvió a abrazar Flavia y le pellizcó una nalga. Eran las mismas y eran muchas otras.

Flavia vio el short negro de Yelenis dando salticos en la arena tibia, alejándose entre las palmeras del catálogo turístico, en más silencio del que había anunciado su llegada. Un poco más allá del nacimiento de la banqueta le pareció ver también la silueta de una bicicleta, oxidada y solitaria, amarrada a un poste. Pensó otra vez en Esteban y en lo feliz que se pondría de que ella misma llevara los papeles de cooperación firmados, aunque eso significara que había renunciado a sus días extras en Miami Beach. Con el cambio de vuelo era seguro que llegaría a tiempo a la Ciudad de México para cenar con los accionistas del negocio que ella y Esteban habían abierto cinco años atrás. Aquel era su mayor éxito, el que le había pagado su viaje a Miami, su hotel, su taxi para ver a la prima Hilda, sus sandalias nuevas, aquel era el éxito sobre el que no había tenido oportunidad de contarle a ninguna de sus viejas amigas, o sobre el que quizás les había contado sin que ellas la escucharan. Quién le iba a decir que tan lejos del mar, en aquella ciudad desértica y superpoblada, a la que había llegado como estudiante de intercambio a los 20 años de edad, iba a ser donde más cerca se encontraría de ella misma. Aunque debía reconocer que quizás el problema no era el mar, quizás su problema era Miami, una copia demasiado idéntica de La Habana, donde, sin embargo, faltaba siempre algo, tal vez, quién puede asegurarlo, la silueta naranja de un sol estoico derritiéndose cada tarde sobre el horizonte. Flavia sacó su celular del bolsillo y se hizo una selfie. No quedaba gris. En la pantalla del teléfono todo era negro. "Está bien así". Había momentos que era necesario preservar forever. ∎

El yuma

"A LO QUE TÚ LE DICES CARTILLA DE racionamiento se llama libreta de abastecimiento. No sé qué vicio tienen los yumas de ponerle a la libreta un nombre tan fino". "Que no soy yuma", le dijo él y juguetón le pellizcó el pezón oscuro. Ella se sonrió sinceramente y le acarició el brazo. Le gustó sentir los pelos delgados, la piel suave, pero no esponjoza, nada que ver con el otro gallego viejísimo con quien se había acostado el día anterior. "Aquí todos los que no son cubanos son yumas o gallegos, y tú gallego no me pareces". "Es que esa cartilla de racionamiento los tiene locos". "Que se llama libreta de abastecimiento", volvió a decirle y se lanzó a morderle el mentón.

Llevaban así un buen rato, tirados sobre el sofá de la pequeña habitación, hablando de cualquier tontería, sonriendo, tocándose. Afuera, el calor de agosto debía estar rajando las calles. Pero el ventilador del techo hacía un buen papel refrescando el ambiente. Y, contrario a la mayoría de las mugrosas casas de alquiler para putas que podían conseguirse en La Habana Vieja, aquel cuarto estaba iluminado por dos inmensas ventanas que permanecían abiertas sin prejuicios, porque el edificio de al lado era una ruina abandonada, sin vecinos chismosos.

"Y ¿qué les dan este mes en esa libretadeabastecimiento?", le preguntó otra vez el yuma, sin otros temas de qué hablar. "Van a dar 20 libras de carne de res", dijo ella y rio con una estruendosa carcajada que llenó todo el cuarto. Él se puso serio. "No sé de qué se quejan entonces los cubanos tan miserables, más bien deben cuidarse el colesterol y dejar de pedir limosnas a todo el que conocen". Ella no entendió si aquello era una ofensa o una broma, pero estaba contenta y decidió seguir riendo, había muchos yumas equivocados, pero él no parecía mala persona: "Que no muchacho, que eso es un chiste, que aquí la carne de res está prohibida, y si te cogen matando una vaca, chuiiiiiis, vas 20 años pal tanque sin derecho a fianza". "Un humor de mierda tienen ustedes" le respondió él cuando empezó a hacerle cosquillas.

Ella se dejó llevar por la sensación del cuerpo. Se sentía bien. El tipo le gustaba. Eso le había pasado muy pocas veces en los últimos dos años. No estaba sorprendida. Claro que era posible disfrutar el sexo con un desconocido. Su madre jamás le creería si ella le confesaba algo así. Se persignaría si le confesaba algo así. Su madre, que sabía que ella estaba jineteando, pero que se seguía haciendo la ingenua porque solo quería el dinero… necesitaba dinero. Igual que la hermana, que la adoraba mientras pudiera quedarse con toda la ropa nueva que ella lograba comprarse, pero que siempre estaba ocupada para acompañarla al médico.

Pero el yuma la alejaba un rato de todo aquello. A lo mejor podía engancharlo de verdad, casarse con él, irse a cualquier lugar, tener una casita con muchas ventanas, después un hijo bicolor. El yuma parecía tener dinero. Y además de pagar por la habitación sin que ella lo pidiera, estaba bueno con cojones. Bigotito rubio y breve que ella chupó como si fuera un caramelo. Manos firmes con la que él le acarició el estómago y con las que la hizo tener el primer orgasmo. Lengua con olor a fruta que chupó cada rincón de su cuerpo de mujer. Sí, él era guapo, y la hizo venirse dos veces, cosa que en el negocio solo pasaba si de verdad se tenía un muy buen día. Si Pedro sospechaba que la estaba pasando tan bien seguro que se metía en el cuarto a darle una paliza al yuma…. "que no es yuma, coño", se corrigió ella misma mientras trataba de alejar a Pedro de su cabeza, porque quería estar allí, en ese momento preciso en que el otro le lamía las nalgas como si no existiera el tiempo. Al final no le molestaría darle a Pedro el 80 por ciento de un dinero ganado con tanto gusto. "A Pedro hoy se lo doy todo si quiere" y se dejó hacer, también hizo todo lo que le pedían.

Cayó sobre la cama empapada de sudor. No supo cuánto llevaban lamiéndose; ni cuándo había cesado la lluvia de su vagina, pero la luz de las ventanas había cambiado de color. Afuera todo era naranja, ¿o era que se había mareado de tanto gemir? "Me has dado linga de la buena", dijo ella mirando por fin el reloj, pensando en que tendría que correr para darle el dinero a Pedro a la hora pactada. Si él no sospechaba que ella la había pasado bien, a lo mejor se ahorraba un par de bofetadas. La última vez que Pedro le pegó ella había perdido una muela. "No sé qué significa linga —interrumpió el rubio sus pensamientos—, pero debe ser una peladez tuya". "No sé qué significa peladez, pero linga es sexo. Me da pena, gallego, pero me tengo que ir, págame ahora antes de que me arrepienta de cobrarte". Era un chiste que usaba con todos, tratando de hacerlos sentir importantes. Funcionaba para las propinas. Aunque con este cliente era todo cierto, no podría darse el gusto de no cobrar o tendría que terminar ella pagándole a Pedro de su propio bolsillo. El yuma estaba bueno, pero no para tanto.

"Pues qué bueno que te arrepientas de cobrarme, mujer, porque yo no te voy a pagar". Ella se empezó a reír otra vez. "Ya veo que sigues de simpático gallego". "No mujer, no es un chiste. Pues con las 20 libras de carne que te dan por la cartilla de racionamiento ni falta te hace mi dinero. Y ya te dije que yo no soy gallego". "Mira, gallego, yuma, somalí, da igual, de verdad me tengo que ir. Págame, y si quieres nos vemos mañana otra vez, ya de gratis". "Que no te pago chula. Que eres una puta de mierda y te viniste así de rico dos veces. Date por pagada". "Coño gallego, pero Pedro me va a matar". "Pedro mis huevos, no sé quién es ese ni me interesa. Tú a la calle", y se lanzó sobre ella.

Le apretó la cara con una mano y las costillas con la otra, llevándola casi en vilo hasta la puerta del cuarto. Ella se asustó ante la imagen de la violencia. Vio la piel suave y clara del brazo del yuma, pensó en el día de aquella boda hermosa que no tendrían, en lo guapo que se vería él en un traje negro. Sintió la presión de la mano sobre sus dientes, y se acordó de aquella carrera de odontología que nunca terminó. "Por burra, por Pedro, porque tumbaron el muro de Berlín". Otra vez vio el brazo del yuma contrayéndose ante su propia fuerza y supo que aquel brazo lucía mucho más flaco que el brazo de Pedro. Los pelos amarillos, casi transparentes, le dieron ganas de besarlo. Ella no estaba acostumbrada a tanta belleza, yuma. Pero el brazo era más delgado y más hermoso que el de Pedro, mucho más delgado, el mismo brazo que quince minutos después yacía sobre el piso, cubierto de sangre. ∎

Mi amiga Mylene

Mylene me dijo un día: "irse de Cuba es renunciar a todo cuanto hemos tratado de ser hasta hoy". Estoy muy orgullosa de ella, que es escritora premiada y nunca ha querido dejar este país.

Mylene tiene las tetas mucho más grandes que las mías. No sé si fueron esas tetas o ser la mejor escritora cubana del siglo XX—como escribieron unos periodistas exagerados en una nota cortica que publicaron en *El Mundo*— las que le consiguieron a su novio alemán. Ah, creo que no lo he dicho, pero Mylene también tiene una casa cerca del mar, donde vive sola con sus libros y sus perros. Hasta que llegan los meses de julio y agosto, claro. En verano, Mylene vive con sus libros, con sus perros y con su novio alemán que viene a visitarla.

Albert, el novio de Mylene, es un tipo genial. Es cineasta. Tiene una de esas sonrisas que cualquiera pensaría que sólo existen en las películas de Hollywood. Él sí que es un gran artista. Hasta un periódico local ecuatoriano sacó una nota sobre su trabajo. Con esa mirada contemplativa, tan propia de los más iluminados, Albert ha enseñado a Mylene que el abrumador encanto de cientos de atardeceres vistos desde la terraza del Hotel Nacional es mucho más hermoso que el Atlántico que se ve desde la Florida. Yo, como no conozco ninguna de las dos vistas, creo en lo que Albert dice. Él también ha enseñado a Mylene a elegir para las cenas familiares las mejores langostas que nadan en los estanques de los exclusivos restaurantes de La Habana, y le ha indicado cómo hacer exquisitos pasteles de manzanas verdes. Los mejores que he probado en mi vida... los únicos.

Lo mejor de todo es que Albert le ha demostrado con creces a Mylene que toda persona sensata prefiere inmensamente el tímido diciembre cubano que el crudo invierno teutón. Y ante él, Mylene ha resultado ser una mujer muy cuerda. Ella ha aceptado los consejos de su novio y ha permanecido en La Habana, joya del Caribe, según Albert.

Yo disfruto mucho la compañía de ambos. Y Mylene siempre dice que me quiere cantidad. En su último libro escribió unas líneas preciosas que decían algo así como que la posibilidad de partir de la patria era un acto egoísta que solo conocían los frustrados o los que no estaban dispuestos a luchar. Le regalé un escandaloso "gracias" cuando mencionó en público que había hilvanado esas líneas de su novela pensando solo en mí, porque sospechaba que yo quería emigrar. ¿Emigrar? ¿Yo? ¿Cómo crees Myle?, le tuve que aclarar a gritos en medio de la presentación del libro, a la que habían acudido el Ministro de Cultura de Cuba y el Secretario Ideológico del Partido Comunista. En el fondo, debo confesarlo, ese día me cagué en el corazón de la madre de Mylene, en ella, y en la hija de puta editora que no le tachó la frase. Por su culpa hubiera podido perder mi trabajo como periodista.

El problema es que cada vez que Mylene publica un libro incluye historias personales que yo solo les confieso a ella y a Albert cuando me invitan a comer camarones a su casa. Yo no sé cómo nadie se ha dado cuenta de eso, cómo nadie le ha dicho a Mylene en su perra cara que ella me está plagiando.

"Cinco mil cadetes participarán en el desfile del próximo 26 de julio", comenta en un grito mi Editor Jefe, para sacar a todos sus subordinados del letargo. Llevamos dos horas en esta reunión de la Redacción. En estas mismas oficinas empezamos Mylene y yo nuestra carrera como periodistas. Por eso, durante estas reuniones interminables suelo pensar en mi amiga Mylene, quien, un poco menos que yo, pero también fue muy querida por todos aquí en la revista. Tan querida que fue la querida de todos los jefes, dirían algunas lenguas mal intencionadas. Yo nunca repito esas cosas.

Me gusta pensar en ella en estos momentos porque si estuviera en medio de esta reunión tan aburrida me estaría pasando papelitos, burlándose de cómo Carlitos, el jefe de redacción, esboza el próximo número de la revista sobre una hoja reusada y presillada en una tabilla de madera, como si fuera un cabrón inspector de transporte urbano. Mylene me haría señas para mostrarme cómo se sienten ofendidos los periodistas más viejos cuando alguien propone publicar esa nota del último estreno del teatro, porque imagínate de esa obra no se debería ni hablar porque ahí sale desnudo aquel actor que interpreta a aquella escritora que además era lesbiana.

Pero si de verdad aguanto estas reuniones es porque sé que este es el único lugar de la tierra donde los plagios de Mylene son mal vistos. De hecho, en esta revista está prohibido hablar de mi amiga y está prohibido publicar cualquier artículo, cito, "sobre su literatura de mierda que es una traición a los principios revolucionarios de esta patria gloriosa", según testimonios del aguerrido director. Él habla mal de ella, pero a mi si que no se atreve a ningunearme. Él sabe que me tiene que tratar de usted, con tremendo respeto: "Liset, en el próximo número, debe reseñar la novedad que ha sido construir una torre de alpinismo en la Escuela de Cadetes. Bautizaron la torre como un 'antiguo reclamo', como una 'ganancia del entrenamiento militar', gracias a la que los cadetes irán al próximo desfile del Primero de Mayo con más entusiasmo que nunca. Creo que usted, mejor que nadie, puede sacar un buen, buen artículo de este acontecimiento".

Si le digo que sí, si me emociono ante la tarea y anoto todos los detalles de esa torre de alpinismo en mi agenda, es por deferencia, porque el respeto del director siempre lo pagaré con respeto. A mí él jamás me ha alzado la voz. Y fíjate que eso tiene su valor, porque él mismo fue quien le hizo la vida imposible a Mylene hasta que ella se tuvo que ir de la revista, y dejar todo atrás, y empezar de cero su carrera como narradora. Por supuesto que yo siempre he sido más inteligente que ella, siempre he tenido todo calculado. Jamás le diría a este viejo "vete pa'la pinga retrógrado de mierda", ni le tiraría la puerta en la cara como ella hizo. Jamás perdería mi trabajo. Es que todo el mundo cree que mi amiga Mylene es muy bárbara y muy talentosa, pero si no fuera por mí, por mi amistad, por las historias que le regalo, la verdad es que yo no sé qué sería de ella. Pobrecita. ∎

A lo Carrington

"Tengo tiempo para singar contigo, para lo que no tengo tiempo es para este romance". Se lo dijo así, sin preámbulos y directo a la cara, porque ya no sabía cómo sugerirle que se la llevara a la cama, que ella era una mujer felizmente casada, pero con la mejor disposición a tener sexo ocasional. Él abrió los ojos como si le hubiesen dado una patada en el culo. Miró atrás, por encima de su hombro, justo como si le hubieran dado una patada en el culo. Y ella se convenció de que él no quería acostarse con ella y ya. No. Él seguro quería más, llamadas telefónicas interminables, hablar de libros y de la música malísima esa que le gustaba. Pero ella tenía a su esposo para todo eso.

Alexander era el mejor hombre del mundo. No podía haber elegido a alguien mejor para compartir su vida. Era pintor, con una sensibilidad indescriptible para entender a la gente y para disfrutar cada momento. A medida que ella iba envejeciendo, Alexander se enamoraba más y más de su cuerpo. La pintaba todos los meses, descubriendo ante sus propios ojos la hermosura de aquel cuerpo femenino que combatía a la gravedad con largas caminatas y dietas extremas. Alexander era el hombre perfecto. Pero 15 años de matrimonio habían calmado su sed de sexo. No la de ella. Mientras Alexander se volvía cada vez más contemplativo, ella soñaba más a menudo con estar siendo tocada, saboreada, chupada. Menopausia, le dicen unos.

Por eso mismo ahora se encontraba frente a un hombre al que había visto a penas dos veces, poniendo carácter para que él se diera cuenta de que ella solo necesitaba sexo, saliva, orgasmos o cualquier estado al que él la pudiera llevar en la cama. Pero el tipo no entendía nada. Ante la declaración de ella se quedó mudo, sordo y ciego. Ella podría apostar que él sentía un pitido en los oídos de tan nervioso que lucía, y se preguntó por qué necesitaba tener sexo con un imbécil como ese. Soltó el vaso de agua con el que había estado jugando. Llamó con la vista a la camarera. Pidió la cuenta. Pagó. Ya le había dado demasiado largo a aquello. Tres encuentros sin sexo era un lujo que no podía permitirse. Para eso tenía a Alexander, un hombre que de verdad la colmaba, de verdad inteligente, no como aquel flaco kitsch lleno de malos gustos que la desesperaban.

La camarera vino con un papelito de tinta transparente. Eran 50 dólares. Por primera vez ella pudo pagar sin que él le pusiera resistencia, ni le propusiera dividir la cuenta. Su propuesta para singar ¿lo había dejado mudo o súbitamente tacaño? En realidad, ya todo en él la molestaba. Debía salir de ahí. Se levantó. En el fondo tenía la esperanza de que aquel hombre demasiado flaco y demasiado dientudo, la detuviera, accediera a cogérsela o a ser cogido por ella (los detalles no interesaban mucho en ese caso). En el fondo tenía la esperanza de que él no la dejara si quiera alcanzar la puerta del restaurante y que, aunque fuera con el orgullo herido, le dijera que sí, que podían singar, aunque luego le reclamara ser poco romántica. Ella quería singar y ya.

Nada. Caminó una cuadra rumbo a su casa, dos, tres cuadras. Lo imaginó sentado en la mesa del restaurante, aún mirando asustado por encima de su hombro, y se preguntó por qué se había encaprichado en templarse a aquel esqueleto, que lindo no tenía ni el nombre.

Esa noche logró que Alexander se la templara tres veces, como si acabaran de conocerse. Al terminar, volvió a pensar en el flaco. ¿Seguiría enmudecido, sentado como un búcaro en el restaurante? Creía recordar que se llamaba Frank. Trataba de no hacerle mucho caso a sus fans. La gente se sorprendería de cuántos hombres se acercan a una escritora medianamente conocida, para tratar de cogérsela. Pero nada, evidentemente ese no era el caso de Frank. Quizás era gay y hasta se había acercado a ella para estar más cerca de Alexander. Eso ya la había pasado una vez. Y esta podía ser la segunda, porque precisamente habían terminado la conversación de la primera cita hablando del maravilloso pintor que era su marido, y del honor que significaba para un cubano ser expuesto en el Louvre. Imaginó al flaco y a Alexander en la cama. La imagen la calentó y se subió otra vez encima de Alexander. Él respondió con menos ganas. Hay que entenderlo, era la cuarta vez. Es verdad que había dejado de buscarla, pero casi nunca le quedaba mal cuando ella lo necesitaba. Se movió encima de su marido como si el mundo se acabara esa misma noche.

Tuvo dos orgasmos más. La gente también podría sorprender-
se de las maravillas que hace una fantasía homosexual en una
mujer heterosexual. Y cayó rendida cuando el tercer orgasmo
se anunciaba como una comezón en su clítoris. No pudo al-
canzarlo, pero estaba satisfecha. Lo supo porque enseguida
dejó de saber dónde estaba. Se durmió.

Al día siguiente, sin embargo, se levantó otra vez pensando en el flaco. ¿Era Frank o Francisco? ¿O era Francisco, pero
le decían Frank? Se metió a su computadora y buscó las fotos
del evento donde lo había conocido. Ese día firmó tantos libros
que terminó con un dolor terrible en el codo. El flaco se había
dado cuenta de su malestar y se le acercó para decirle que él
era fisioterapista y que era evidente que ella tenía una tendinitis
provocada, seguramente, por tantas horas en la computadora. Al principio, le parecieron absolutamente triste su figura y
su plática, aguantó un rato la conversación porque el flaco le
juró que había estudiado con su hermano en la secundaria. ¿Le
dijo que se llamaba Frank o Francisco, pero le decían Frank?
Aguantó aquella plática por educación y porque, por experiencia, sabía que en la presentación de un ensayo sobre migración
cubana podían producirse conversaciones mucho más des-
agradables para la autora. Aguantó sin impacientarse y sin so-
bresaltarse, pero cuando le pidió permiso para tocar un punto
en su oreja que le aliviaría el dolor en el codo, cuando ella le dijo
que sí, que sin problema; cuando él la toco, cuando ella sintió
aquellas yemas de sus dedos perfectas, suaves, frías, supo que
tenía que templárselo o aquella sensación de ser tocada a me-

dias la atormentaría por un buen tiempo. Hacía más de una semana había dejado de ver a Marquitos. Se había vuelto demasiado posesivo y había hecho un día la broma de que sabía cómo contactar a Alexander para decirle que se estaba cogiendo a la musa de sus cuadros. Aquella nueva carencia conspiraba para que ella se hubiese obsesionado con singarse al flaco. Pero era un hombre escurridizo, tan escurridizo que ni siquiera aparecía en las fotos del evento donde se habían conocido.

Siguió buscando. Más de 300 fotos y ni sombra de aquel hombre. Revisó el correo electrónico. Por ahí él la había contactado la segunda vez, porque ella reservaba el celular solo para los singantes que se demostraban suficientemente cuerdos, suficientemente discretos, y el flaco no era cuerdo ni mucho menos singante. Nada, no encontraba nada, ni el correo, ni el número de teléfono que, estaba segura, el flaco le había dado alguna vez. Pero si este hombre ni me gusta. Se encabronó con ella misma y cerró la computadora. Sabía que si se lo hubiese templado, que si él le hubiese mamado cualquier parte de su cuerpo, si la hubiese penetrado, ella ya se habría olvidado de él y anduviera en otra cosa. Pero como el flaco se quedó sin palabra, su obsesión persistía. Pensando en la yema de los dedos sobre su oreja, fue al cuarto y se comenzó a quitar la ropa. Alexander entró y la vio desnuda. Se excitó y se la templó otra vez. Esta vez él arriba, exhibiendo toda su belleza, su piel perfecta, sus brazos tonificados, sus ojos cafés llenos de deseo. Y ella no dejaba de pensar en el flaco dientón. ¿Había sido demasiado directa en el restaurante? ¿O se estaba haciendo vieja? ¿No era atractiva ya? La caída del cuerpo de Alexander sobre su cuerpo avisó que su marido había terminado y ella ni siquiera había podido empezar.

A las 3 de la tarde, cansada de esperar un correo nuevo en la bandeja de entrada, llamó a su hermano. Le preguntó por un flaco que había estudiado con él en la secundaria, y que se llamaba Frank o Francisco, da lo mismo. Julián no se acordaba de nadie así. Sí, es un dientón, empezó a describirlo ella medio impaciente. No. Ninguno así, como le decía. Aquello era imposible. Tantas casualidades la atormentaban.

Al borde de la desesperación, con el clítoris húmedo de pensar en el flaco, recordó de súbito un cuento de Leonora Carrington que había leído una vez, cuando era joven. Una escritora se obsesiona con un fanático de su obra que conoce en la presentación de un libro. Tienen sexo esa misma noche. Se devoran con las palabras, con los besos, con la lengua. Se separan a la mañana. Pero la escritora, obsesionada por la experiencia, va a buscar al joven en la tarde, para exigirle que sea su amante. Al llegar a la casa donde el joven le dijo que vivía, una señora de mediana edad la recibe. La escritora le dice que está buscando a un joven delgado, estudiante de medicina. La señora comienza a llorar. Qué miedo. Es el hijo de la señora a quien la escritora busca, pero, zas culebra, el joven lleva muerto un año y medio. Al enterarse la escritora se suicida, lanzándose de un balcón hacia el Zócalo de México. Qué tragedia. Ni pinga, ella no era de esas, ni tan dramática como la Carrington ni se iba a suicidar por un flaco que oía pop. Está bueno ya. Se fue para el cuarto, cerró la puerta y desde el teléfono rojo de la mesa de noche llamó a Marquitos. "Necesito verte, Marcos. Mañana no. Esta misma tarde." ∎

Confesiones de grande

ENTRE LOS RECUERDOS DE LA INFANCIA, LLEGA siempre la imagen de mi padre colocando sobre mis hombros un abrigo azul y rojo, que fue el único tesoro que consiguió durante sus años como soldado en Angola. La de abrigarme era acción obligatoria antes de salir de casa a ver algún juego de beisbol en el Estadio Latinoamericano, porque ahí "siempre sopla el viento", me decía.

Mi padre atlético y hermoso, salvaje y cariñoso a la vez, a quien jamás he visto practicando deporte alguno, no me invitaba a cualquier juego de pelota, sino a todos los juegos de pelota, todos los días, excepto en las finales, porque "se llena mucho el Estadio".

Él siempre quiso un hijo varón. Pero la vida me puso en sus brazos, pequeña y sin un cabello en la cabeza, para demostrarle que en realidad quería ser papá, sin importar el sexo de la persona a quien iba a imponer su amor. De todos modos, me enseñó a arreglar las tuberías tupidas del viejo lavadero, a martillar las gavetas del closet de mi hermana, a pintar los techos de madera de la sala y el comedor, y a reparar la bicicleta en la que, todas las tardes iba y venía de su trabajo como rompe calles. También me enseñó a compartir poesías, a base de repetirme *Pedro Navaja* en la vieja grabadora azul que enredaba la cinta de los casetes. Las idas y venidas al Estadio Latinoamericano las creí, por mucho tiempo, parte de esa cultura libre de prejuicios que él me inculcaba con la venia de mi madre.

Por eso, el Estadio Latinoamericano de mi infancia es un lugar frío y desierto, donde entrábamos gratis, para ver siempre al mismo aficionado (o a uno muy parecido) gritando apasionadamente al manager, al árbitro o a cualquier pelotero, como si cada juego fuera el decisivo.

Esa imagen del Latino cambió en la adolescencia. Cuando cumplí veinte años, el Estadio se convirtió en lugar de encuentro de las amistades, un grupo donde mi padre no tenía cabida. Claro que nosotros sí seleccionábamos a qué partido asistir, porque debía ser el más polémico, el que más se llenara, el que nos garantizara la gritería con algún buen jonrón. Ya en las gradas, una sensación de culpa embargaba la euforia de mi estado de ánimo, cuando pensaba que había dejado sin compañía al hombre que me inició en la cultura de bolas y strikes.

Uno de esos días en que la nostalgia exige conciliaciones con el pasado, fui a buscar a mi padre a la casa de su nueva familia. Me senté en la sala y encendí el televisor. En Telerebelde, el engolado Aurelio Prieto entrevistaba al inigualable receptor pinareño Juan Castro. Todo ayudaba. La suerte estaba de mi lado. En "Confesiones de grandes" casi siempre se hablaba de pelota, pero que estuviera Juan Castro era como estar viendo las grandes ligas del programa. Así que aproveché el silencio en la entrevista, o una pausa donde promocionaban los condones Vive para, por fin, romper el hielo con mi papá: "Fíjate qué casualidad, en el Latino juegan hoy Industriales y Pinar del Río. ¿A quién le vas?" La ingenuidad era fingida, disfrazaba a la invitación para que todo pareciera natural. "A nadie", respondió él. No quedaba más remedio que ser más directa: "Papi, deberíamos ir al Estadio, el partido de esta noche va a estar buenísimo". "No hija, no, si a mí no me gusta la pelota", dijo, sin parar el balance de su sillón tejido con suiza verde. Dijo, como si no se estuviera abriendo el techo sobre mi cabeza. Yo no estaba sorprendida, estaba perpleja. Él impasible. "Viejo, no me jodas, si me llevabas todos los días al Estado cuando era chiquita, ¿cómo me vas a decir ahora que no te gusta la pelota?". "No mija —repitió— si aquello era pa' salir de la casa, que estaba obstinado de la suegra. A mí nunca me ha gustado la pelota". ∎

La editorial

SUS NOMBRES Y NÚMEROS TELEFÓNICOS ESTABAN escritos con lápiz en la última página de casi todos los libros de la biblioteca. No sé si ellas cambiaban mucho de trabajo y siempre querían estar localizables para él; o si él copiaba sus teléfonos en cualquier libro que estuviera leyendo, para asegurarse de que siempre podría llamar a alguna. Sus nombres, sus teléfonos y, en el peor de los casos, alguna nota de amor, amargaban el final de cada novela policíaca o de ensayo literario que él me prestaba para que yo compartiera su puta fascinación literaria.

Nunca protesté en voz alta. Era su pasado y, cuando empezamos a salir juntos, él me advirtió que podía irrespetar todo menos aquel tiempo en que no nos conocíamos. Pero era mucho tiempo, demasiadas últimas páginas para mi frágil ego. Era difícil estar con un escritor y saber que nunca sería la musa de sus cuentos, ni estaría en sus columnas semanales. En realidad, siempre había otras mujeres (feas, delirantes, dientonas, hijas de puta) detrás de la descripción de esos personajes que él juraba que eran yo, pero que yo sabía que no eran yo.

La prueba era que él jamás escribió mi nombre en la página de ninguno de sus libros. Se tatuó mi nombre en el brazo derecho. Pero jamás, jamás lo anotó en un libro. Como si yo no supiera que los tatuajes se pueden borrar con una plancha caliente. Tampoco me dedicó jamás un pensamiento debajo del número de ejemplares de esta o aquella edición. Ahora entiendo que la culpa era, en parte, mía. Nunca le di tiempo a extrañarme. Estaba cada tarde en los bajos de su casa esperándolo a que llegara de dar clases; lo llamaba por teléfono todas las mañanas para darle los buenos días y, todas las noches, antes de dormir, rezaba por su amor. Tres semanas después de conocerlo, hasta dejé el trabajo para evitar que él quisiera localizarme y no pudiera encontrarme.

Desde el principio, preferí estar de cuerpo presente, y no andar poniendo distancias telefónicas de por medio. No me arrepiento. Yo no soy como esas cobardes cuyos nombres él tenía que anotar en la última página de cada libro para poder recordarlas.

Aunque he aprendido que a los amantes que son escritores (o a los escritores que una elige como amantes) hay que darles ciertas dosis de sufrimiento para que se inspiren. Dosis de dramas o de distancia, ellos no distinguen, son como los perros que prefieren comerse el hueso del pollo. El nombre y teléfono de aquellas mujeres, todas más viejas y muchísimo menos sensuales que yo, escritos con lápiz en la última página de cada libro de la biblioteca, fue una dosis de sufrimiento repetida demasiadas veces en mi vida como para no dejar secuelas. Ellas eran fantasma que, estaba yo segura, se habían puesto de acuerdo para repetir sus nombres con el único propósito de martirizarme en el futuro.

Fue por culpa de todas ellas que comencé a escribir mi nombre y número de teléfono en las últimas páginas de los libros que comprábamos. Como bien me decían mis amigas feministas, yo no necesitaba que el escritor ni nadie más que yo me definiera en una frase a lápiz. Yo podía y debía hacerlo con mis manos. Estaba construyendo, fría y calculadamente, la posibilidad de un día abrir algún libro, al azar, y encontrarme en su última página, cualquier pensamiento dedicado a mí. Había imitado por tantas horas la letra del escritor, que algún día yo misma confundiría mi caligrafía con la suya. Lo importante, lo primero, era procurar ver mi nombre en la última página de todos los libros nuevos, y saber que aquellas mujeres no iban a ocupar más el espacio que me pertenecía.

Pasaron varios meses durante los cuales cumplí con rigor ese ejercicio. No fueron pocos libros. Leo a razón de dos por semana. Así que, en seis meses, unos 48 libros decían mi nombre y apellidos en su última página. Comencé a anotar también mi dirección. Pero como siempre eran las mismas palabras, me aburrí. Entonces inicié una especie de imitación de biografía mínima: escribía mi nombre seguido de descolocantes frases surrealistas como "camina como la mujer de Antonio y tiene un ojo en el tobillo", o "es un hoyo negro en un agujero azul". Escribir se volvió mi vicio.

Las minibiografías de lo absurdo se tornaron frases cada vez más largas, poemas sin métrica estudiada, ideas, anhelos, celos, sueños de venganza. Empezaban en la última página de un libro y, a veces, necesitaba hasta tres tomos para completarlos. Pero ningún esfuerzo literario parecía suficiente para vencer al fantasma de aquella biblioteca gigantesca. A veces, cuando sacaba libros de uso de algún librero empolvado de la casa del escritor, tenía que borrar el nombre de aquellas putas antes de escribir el mío. Aquello era lo más humillante, borrar otro nombre para escribir el mío. Por eso ya no bastaba con que escribiera mi nombre, apellido, dirección y minibiografía del absurdo, también tenía que escribir poemas energéticos, sanadores, que contaran cuánto me amaba aquel escritorzuelo, que fabularan sobre su fidelidad, sobre mis éxitos en la vida.

El proceso de renovación literaria y sentimental iba viento en popa. Hasta que encontré en la última página de un libro de física cuántica un poema que él le había escrito, en 1986, "A la sentida dueña de unas piernas de marfil". Fue por culpa de ese poema que nació mi primer poemario en quince tomos. Tuve que pasarme seis días enteros, sin dormir ni comer, escribiendo cuartetas para olvidarme de aquellos versos. Debo confesarles que me cagué dos veces encima con tal de no parar de escribir, pero terminé esos quince tomos. El poemario cambió la historia de la literatura de este siglo y cambió mi vida. No solo porque todo el que lo lee, se muere; también porque marcó el fin de mi relación con aquel ingrato. Comencé a darme mi lugar. Dejé de llamarlo en las mañanas, dejé de buscarlo a la salida de sus clases. Solo entraba a veces a su casa de madrugada, sin molestarlo, para sacar algunos libros de su biblioteca y seguir escribiendo. Parece que se preocupó por mí, por mi silencio, porque recuerdo que una vez me llamó a la policía.

No le di importancia a nada. Seguí escribiendo. Un amigo me pidió prestado un libro de cuentos cortos que se llamaba *Muecas para escribientes*. Yo no recordaba que aquel ejemplar era parte de mi obra poética en quince tomos. Se lo presté sin segundas intenciones. Él me llamó por teléfono enseguida que lo abrió, admirado por todo aquello que llamó una locura mía. Sin darle muchos detalles, le confesé que escribir en las márgenes de los libros se había vuelto el sentido de mi vida. Al teléfono, mi amigo dijo algo sobre mi absurdo talento y sobre una editorial interesada en producciones naif. No recuerdo todos los detalles, pero en una semana estaba yo firmando el primer contrato con la Casa Editorial Anajalbo. Por eso, cuando el jurado me pidió un discurso personal e íntimo para agradecer este maravilloso Premio Cervantes, no pude evitar dedicárselo a Anajalbo. Gracias, colegas por su admiración infinita. Gracias totales. ◼

Historia de la flaca a la que golpearon por romper el orden natural de las casas y las cosas

Para E.G.

NI SIQUIERA LOS BUENOS DÍAS SON BUENOS SIN café, pensó Yoana mientras tiraba abajo el mueble de la cocina, moviendo pozuelos llenos de azúcar y hormigas, nylon de arroz, latas con frijoles y gorgojos. Buscaba los restos de un polvo negro que ella estaba segura que se había tomado la noche anterior. Empecinadas son las esperanzas de los adictos. Seguiría revolviendo latas vacías por veintisiete minutos más. Más o menos ese era el tiempo que necesitaba para convencerse de que el café que buscaba ya se lo había tomado. Pero antes, durante los largos veintisiete minutos de resignación, sus ganas de tomar café crecían hasta apretarle el pecho. Porque el café que no estaba en los estantes de su cocina, tampoco lo iba a encontrar en la bodega más entumecida que las latas de galletas que ahora guardaban arroz, ni en casa de Cuca que vendía de todo —hasta carne de res, dilo bajito que sigue prohibida— pero ni café ni cigarros, "porque los viciosos me despiertan de madrugada y yo no estoy para eso", repetía Cuca como una letanía.

Faltan 13 minutos para que Yoana se convenza de que si quiere tomar café tiene que salir a zapatearlo en alguna oscura casa del mercado negro. Mientras el tiempo sin la tizana corre lento y desesperante para ella, al lado de su casa Pito ha empezado a tocar una pieza de Beethoven en el viejo piano de la sala. No sé de qué sinfonía se trata, nunca he sido bueno para memorizar los títulos de las canciones ni de los libros ni de los escritores. De hecho, Pito quizás está tocando a Bach, a Juan Formell el de los Van Van o al Tosco que está muy de moda con sus estribillos vulgares. Mas digo Beethoven por decir algo que suene culto, porque estoy tratando de transmitir la idea de que Pito era un hombre muy leído y estudiado. Mis calles lo habían recibido recién cumplido los 22 años. Para entonces tenía una sólida carrera como traductor y guía turístico en Tropicana, pero se mudó al Cerro huyendo de su suegro. Pito era negro como el carbón y se casó en 1952 con Micaela, blanca como la leche pasteurizada, agria como la leche echada a perder, algo que no le perdonó nunca a Pito el que desde entonces se endilgó como suegro y algo que no le quiso perdonar Micaela, que siempre que se fajaban le gritaba lo mismo: "negro hijo de puta, jamás debí casarme con un negro azul, ¡azul!", como si Pito no supiera que era azul, pero que azul eran también sus dedos mágicos que habían sacado los mejores orgasmos del pentagrama a más de una jovencita del barrio y que le sacaban ahora las mejores melodías jamás oídas a aquel piano destartalado.

Y mientras Yoana revolcaba unos minutos más sus estantes, Pito se olvidaba de los gritos azules de Micaela y de sus propias ganas de fumarse un cigarro tocando aquel viejo piano que ya solo cantaba para él. Una caja de cigarro le habría costado 120 pesos o un dólar, y por la clase de inglés del día anterior le habían pagado 80, pero había tenido que comprar una bolsa de leche en 20, así que por muy malo que fuera en matemáticas sabía que mejor tocaba el piano, porque no había para comprar cigarros. Beethoven va y Beethoven viene. E imaginaba Pito que el pentagrama era una nube de humos de tabaco, que salía de su boca luego de la primera cachada del cigarro, que era siempre la mejor porque sabía a limpio.

Pito tocaba el piano con la misma pasión con la que en ese mismo instante Evaristo estaba en la sala de su casa, tocándole las tetas a su mujer. En el barrio todos acusaban a Evaristo de ser maricón. Pero Evaristo era, en realidad, un tipo honesto. Estaba loco con las tetas carmelitas y durísimas de Juana, le hacía el amor todas las mañanas nada más para ver el movimiento de aquellas tetas mitológicas que se teñían de colores a la luz del sol que se colaba por las ventanas. Amasaba cada una con una mano mientras la base de sus huevos se recogía más y más anunciando que el final de aquel circo estaba por llegar. Aquel orgasmo le quitaba el hambre matutino y las ganas de tomar café, por eso tenía que singarse a Juana cada mañana con las mismas ganas, porque aquellas tetas deliciosas eran toda su salvación. Pero con la misma pasión que Juana le quitaba el hambre de las mañanas, Evaristo volaba el almuerzo metiéndose en la boca la pinga erecta de Ramón. A base de leche humana lograba no comer nada hasta la hora de la comida. Cuando patenten esa dieta nadie va a recordar a Evaristo; pero yo sé que fue él quien la creó a base de hambre y de deseos.

Ramón, el amante de Evaristo, tenía nombre de dirigente comunista: "Ramón González, para servirle". Y aquel nombre era su única virilidad porque Ramón era tierno como una niña de 15 años, aunque ya había sobrepasado los 40 y el millón de amantes que no de amigos. La piel de sus manos era traslúcida. Por muchos años tuve miedo de que desapareciera algún verano, atravesado por los rayos del sol de agosto. Pero Ramón nunca me dejó fantasear demasiado con mis miedos sobre él, porque andaba siempre con una sombrilla, cuidándose del sol. Dicen que Evaristo se enamoró de él precisamente porque, como era pintor, fantaseaba con tener a Ramón tan blanco y a Juana tan perfecta en la misma cama. Pero era a la gente a la que le gustaba encontrarle aquellas enfermizas justificaciones a todo, si al final Evaristo lo que pintaba eran casas y nunca supo de colores primarios ni secundarios, solo de buenas o malas brochas. Yo sé, porque lo vi el día que sucedió y lo vi mucho antes de que sucediera, que a Evaristo lo que le volvía loco de Ramón era que tuviera la pinga mucho más grande que la suya, que se la dejara chupar todos los días, hasta tres veces, con la misma agradecida erección y que fuera alto productor de leche humana. "Eres la cosa más asquerosa del mundo mi niño, la más asquerosa", le repetía un Evaristo enternecido hasta las lágrimas cada mediodía, con los ojos llenos de deseo y la barriga llena de la leche del delicado Ramón González.

La gente del barrio no cree todavía que Virgilio fue el que inició a Ramón en la vida sexual promiscua que ahora lleva.

A Virgilio le gustaban los negros, negros como Pito (aunque ese nunca le rio la gracia), negros como Juana, negros como el café que Yoana busca todavía en el estante, negro como siempre le pareció Ramón. "Tienes esa tranca que parece la de un negro", le había dicho Virgilio en un agosto igualito que este, pero exactamente ocho años atrás y desde ese día cerró los ojos cada vez que le cogió el culo o que se lo dejó coger para no ver nunca la blancura del muchacho. El día que Ramón se acostó por primera vez con Virgilio era 5 de agosto, y ninguno de los dos sospechaba que el idilio iba a terminar más pronto que tarde con la repentina muerte del viejo santero. Ramón lloró mucho ese día. Había tenido sexo pocas veces con Virgilio; pero creyó que en él encontraría un hogar, un plato de comida de vez en cuando. Ramón lloró mucho cuando murió Virgilio, pero no sabía si lloraba por amor o por hambre. Esa misma tarde dejó que Evaristo le chupara la pinga por primera vez, y encontró en él un poco de consuelo a su soledad, aunque el hambre la tuvo que resolver en otro lado.

Yoana desistió de buscar el café en su cocina, pero no se decidió a salir a buscarlo en casa de Ángela, que seguro era la única que tenía a esa hora. Sabe que si no lo toma de todos modos le va a dar sueño, pero se resiste. Se sienta a escribir un rato. No sé cómo no se aburre de someterse siempre al mismo ritual de mujer amargada. Lola, la del solar, cree que si no hubiese tantas carencias, Yoana se habría metido a alcohólica de todas las desgracias que se inventa. Yo sé que se va a suicidar en menos de seis meses. Pero ahora solo pone el punto y final del primer párrafo de un cuento que está escribiendo sobre la gente de su barrio, justo en el momento en que Evaristo se vino encima de las tetas de Juana pintándolas de un blanco intenso que le recuerda irremediablemente la piel perfecta de Ramón González.

Pito sigue tocando el piano. Quiere decir que ni Beethoven —¿ni el Tosco?— todavía le han quitado las ganas de fumar. Siempre me he preguntado cuáles son las posibilidades de que yo haya visto crecer a dos artistas en un barrio como este: Pito traductor y músico; Yoana escritora. Aunque en realidad fue por culpa de él que ella quiso empezar a escribir. Siempre fue muy competitiva, pero no tenía talento para la música. En realidad, tampoco lo tiene para la escritura. Pero como le dieron dos premios en la Unión Nacional de Escritores y Aristas de Cuba, cree que es muy bárbara, y no se da cuenta de que esa Unión reparte premios como pan por la libreta. La verdad sea dicha: él toca el piano mil veces mejor que como ella escribe. En el sonido de las notas enredándose en el aire veo clarita la añoranza de todos los bistecs que Pito habría querido comerse en estos años, de todos los cigarros que habría querido fumarse; pero las teclas de la máquina de escribir son en realidad un acto vacío, que ella vende como gesto de dolor, donde yo sé que no implica ninguno de sus verdaderos deseos. Ella solo quiere tomar café y después morir.

Onelia, sin embargo, no piensa como yo. No se ha leído ninguno de los libros escritos por Yoana, pero prefiere el silencio de la escritura en la que su vecina se sumerge todos los días.

Porque a Onelia, la música del piano de Pito la despertó otra vez. "Monstruo azul", repite bajito su propia versión de la maldición de Micaela, mientras se obliga a salir de la cama. Sin lavarse los dientes, agarra la escoba y empieza a barrer, como si Pito la viera y no pudiera culpar a Onelia de estar usando la escoba solo como un pretexto para pegar en la pared de su casa y molestar al otro que sigue sentado en el piano. Bang, bang, bang, pero las notas están en un tono tan alto que Pito no escucha la escoba. Bang, bang, bang. En la segunda vuelta Pito percibe el sonido, cree que son las tripas de su estómago avisándole que no ha fumado pero que tampoco ha desayunado. Se corre al borde de la banqueta como al borde de un precipicio. Toca con más fuerza el piano para acallar al cuerpo. Onelia corre a la grabadora para poner a todo volumen algún programa de radio que compita con el ruido que hace su vecino. Entonces se da cuenta de que está condenada al infierno. "El coño de mi madre, otra vez amanecimos sin luz", y se va a desconectar el viejo Westinghouse. Era la 643 vez que desconectaba su refrigerador en los dos últimos años. Ella no lo sabía, pero yo estaba contando.

Gloria, la madre de los Cujeyes también desconecta el refrigerador. Pero la falta de electricidad es el menor de sus problemas. No quiere que sus hijos terminen fajándose esta noche entre ellos. Los tres inmensos, de cuerpos hermosos y zapatos rotos, están desde las 8 de la mañana sentados en la puerta de la casa, haciendo tiempo para empezar a tomar ron. Comienzan por lo regular a las 10, pero hoy se van a tardar un poco más para arrancar, porque están escuchando a Pito tocar el piano. El piano de Pito y la falta de ron Caney para comprar en casa de Cuca eran los únicos esporádicos milagros que podían hacer que los hermanos tardaran en emborracharse. Cuando no había ron, salían a pedirle a algún vecino un poco de vinagre, para cocinar el alcohol de Noventa que terminaban tomándose. Pero tanto como el ron, a los Cujeyes les encantaba escuchar el piano de Pito, los mantenía entretenidos un rato más, y se habían quedado en la acera sentados los tres, sin ni alcohol ni nada, porque Pito se había extendido esa mañana. Ahora que lo pienso es raro que estuvieran escuchando al Tosco con tanta atención, así que seguro Pito estaba tocando a Beethoven ese día. Por todas esas coincidencias del hambre y las ganas de fumar y de beber, son los hermanos Cujeyes los primeros que ven al tipo en la bicicleta, parado en la esquina como quien espera algo, pero en realidad no espera nada. Piensan que es un chivatón de esos que amanecen a cada rato en esa misma esquina, para vigilar las ventas de Cuca —suponen— o para vigilar cualquier cosa, o para regalarles, simplemente, la sensación de que están siendo vigilados. Hacía mucho tiempo mi gente se había dejado de preguntar la función exacta de aquellos policías vestidos de civil en las esquinas de la cuadra.

El primero que se paró en aquel lugar, sin bicicleta y con cara de perdido, llevaba puesto un pulóver verde fosforescente que se notaba a mil leguas. Era un mulato con cara de palestino —palestino de Oriente, de Oriente que aquí no es Oriente Medio sino Santiago de Cuba—. Nadie supo por qué, pero todo el mundo supo que era policía. Ese día Cuca no quiso vender leche ni huevo ni arroz ni ron. Los Cujeyes se metieron temprano para adentro de la casa y se pasaron el día sin tomar ni agua. Gloria estaba en la gloria por la tranquilidad de sus hijos. Nadie protestó esa mañana cuando cortaron la electricidad, y dicen que Onelia no se atrevió ni a desconectar el refrigerador. Pero ese detalle que todos repiten como cierto es solo una exageración, porque yo sí la vi desconectar todos los equipos viejos de su casa, aunque con disimulo. Lo que no hizo Onelia fue pegar con la escoba en la pared de casa de Pito, pero bueno, habría sido demasiado cinismo de su parte, porque Pito tampoco tocó el piano ese día. Los vecinos se dieron mil vueltas para asomarse disimuladamente a las ventanas, para constatar que el pulóver verde chillón con cara de palestino seguía ahí, como el dinosaurio.

Al día siguiente le tocó a una mujer pararse en la esquina. Tenía la piel quemada por el sol, y unas caderas que Evaristo habría lamido gustoso, porque además, como él mismo notó, estaba teñida de rubio platino. Como el del pulóver verde no había tomado ninguna medida extrema, ni había dejado ningún mensaje claro, Cuca se atrevió a venderle dos huevos a Isabel, que le rogó casi de rodillas, porque no tenía nada para darle de comer al Chino. Evaristo, alborotado con la visión de aquellas caderas vigilantes, se atrevió a las 3 de la tarde a meterse en casa de Ramón, porque el día antes, con la impresión del mulato policía, pasó por delante de la puerta del amante, pero no le alcanzó el hambre para entrar a tomar leche. La rubia platina, sin embargo, estaba en sandalias y si le corría atrás a alguien ese alguien iba a tener más chance de escaparse que de las botas militares que usaba el mulato. Aunque Evaristo no estaba seguro de si ella misma tendría la misión de coger preso al que fuera que estuviera buscando, o si iba a llamar primero para pedir refuerzos. Nadie pensaba en esos detalles. Menos Evaristo, que esa tarde le chupó cuatro veces la pinga a Ramón antes de sentirse satisfecho. "¡Qué grande se te queda después que te vienes, no lo puedo creer!", se asombraba siempre con auténtica ingenuidad. Ya lo he dicho, era un tipo honesto. El día de la rubia en la esquina, uno de los hermanos Cujeyes también salió a la calle. Buscó un poco de vinagre en casa de Yoana, ella supo que era para cocinar el alcohol, pero se lo dio "a ver si se acaban de reventar y dejan a Gloria tranquila". Y efectivamente los tres estuvieron tomando toda la tarde, en la sala de la casa, pero no se fajaron... hasta muy entrada la noche cuando ya la rubia se había ido.

Al tercer día se paró un chino en la esquina. Al cuarto no vino nadie. Al quinto era una señora muy gorda, con unas tetas durísimas que a Evaristo le habría encantado saborear, y con las que fantaseó como había fantaseado con las caderas de la rubia. Ese día otra vez hizo que Ramón se viniera cuatro veces. Al sexto día, se paró el mismo mulato del pulóver verde. Sin entender muy bien por qué, todos sintieron menos miedo de ver un rostro conocido en la esquina. Lala pasó y lo saludó. El mulato respondió con mesura al saludo altivo de la mujer. Así que la gente del barrio empezó a darse cuenta de que aquello se iba a convertir en un ritual con el que tendrían que aprender a vivir, un ritual de vigilancia que les regalaría cierto margen de libertad. Así que el día que volvió el mulato palestino, los Cujeyes salieron a tomar ron a la acera, y Ramón recibió solo tres mamadas de boca de Evaristo, que lo dejaron igual de caliente que si no se la hubieran chupado. No todos los vigilantes llegaron a saludar a los del barrio con regularidad, casi con cariño como hacía el mulato. Pero todos cumplían con el mismo ritual de estar en la esquina algunas horas, y desaparecer solo cuando los vecinos se habían acostumbrado a verlos allí.

Por eso los Cujeyes no se asombran ahora de ver al de la bicicleta en la esquina. Ni le van a avisar esta vez a Cuca de que no le conviene vender nada. Ni Onelia deja de desconectar a gritos su refrigerador. Ni Pito levanta las manos de las teclas del piano. Ni Juana llama a Yoana por teléfono para avisarle que un policía vestido de civil está otra vez en la esquina. Todo el mundo sigue en lo suyo, en su hambre o en su arte, porque en definitiva ver al de la bicicleta en la esquina es parte de esta rutina gris que cada quien se ha visto obligado a colorear de suposiciones.

Suenan las 12 campanadas que anuncian el mediodía en el reloj ruso de Gloria. El movimiento de la mañana, el ruido del piano y de la máquina de escribir, han bajado hasta convertirse en un silencio soporífero sobre mis calles. Un grito que es el chillido de un tren rompe la calma. "Ataja, hijoeputa, atájalo". Es una clave, un llamado de guerra, ante el que todo el mundo sabe que tiene que reaccionar, asomarse como mínimo a la ventana llena de polvo. Porque "Ataja" es lo contrario de "Agua". "Agua" es la solidaridad ante la policía inoportuna que se acerca para cerrar un negocio de bien, "Ataja" es la ausencia plena de esa policía, "Ataja" es la presencia de otro ladrón más difícil de detectar porque no usa uniforme, "Ataja" quiere decir que lo mismo se está llevando una gallina que un blúmer de la tendedera. "Ataja singao". "Ataja" es un grito de ayuda, que se adorna con las ofensas que se le tienen que decir al ladrón como si uno lo tuviera de frente.

Los Cujeyes que le habían estado huyendo al sol de las 12 que pegaba sobre las dos aceras corrieron como tres locos a la puerta. Gloria se persigna delante del refrigerador y les pide a todas las vírgenes que sus hijos no se metan en problemas. A Onelia la despierta el grito. "Qué suerte la mía madre de la resinpinga", se había vuelto a acostar porque Pito llevaba, por fin, como media hora sin tocar el piano. Pero ahí está otra vez, corriendo hacia la puerta de su casa en busca de respuestas. Yoana también se despierta, renunciando al sueño que le dejó no tomar café. Lo piensa dos veces pero termina lanzándose a la calle, están gritando "Ataja", que no es cualquier llamado, sino uno serio. Los vecinos renuncian a ese mediodía que es otra noche en el barrio; renuncian a la siesta que ya no duermen después de la comida opípara sino para olvidar que es hora de comer. En esa hora del silencio, que el sol aprovechaba para rajar las piedras, Evaristo se había metido a casa de Ramón para chuparle la pinga. Pero la segunda mamada se la interrumpe el escándalo de la voz que le es desconocida. "Ataja" es la palabra que los hermana a todos.

Una mujer flaca, clavada en el medio de la calle, sigue gritando. "Ataja singao, ataja hijoeputa, ataja criminal, ataja ladrón..." en una combinación infinita de sintagmas que a mí, que tengo tan buena memoria, me es imposible recordar. Instintivamente, todos miran a la flaca y luego todos miran a la esquina. Buscan al tipo de la bicicleta, el policía que vigila sus mediodías y suponían que algún día podría ser llamado para socorrer sus miserias. Pero no. El tipo ya no está. "¿Qué pasa señora, qué pasa?", pregunta Evaristo a la flaca, mientras con su pañuelo blanco y oloroso alcanza a limpiarse los restos de leche que le había dejado Ramón en el labio. Entre gritos y sollozos la flaca explica. Un tipo de una bicicleta, vino desde la esquina, a traición, hacia ella, por la espalda, hijoeputa, un tipo en una bicicleta le arrebató la cadena de oro que tenía con una medalla de Santa Bárbara así de grande.

Nadie le cree. Partida de hambrientos cegados por la vigilancia. Ahora se dan cuenta de que las ropas del tipo de la bicicleta estaban rotas. Ahora se dan cuenta de que el de la esquina quizás, por primera vez, no era fiana, ni policía, ni chivato; era ratero, carrizo, ladrón. Pero aquella flaca que, con su voz de pito y su cuello rojo del arañazo, ha venido a develarles esta verdad, por alguna razón, molesta a todos. Esa flaca que jura que le arrebataron una cadena de oro que seguro ni de oro era, les ha robado el sopor del mediodía. "Pero mija, ¿y tú por qué andas con una cadena de oro en este barrio?", le pregunta Gloria, la madre de los tres Cujeyes que han empezado a burlarse bajito de los chillidos de la flaca. Yoana responde por la mujer: "Porque es anormal, Gloria, ¿no le ves ese cuerpo?". La ira sale en dos tonos también de la boca de Pito: "Señora, pero hay que tener un poco de cordura", y Micaela, la agria, lo mira con un odio fulminante, porque no soporta que hasta para ofender su marido azul sea tan culto. Evaristo aprovecha los gritos que van subiendo de tono y se escabulle otra vez para adentro de casa de Ramón. Siente que hoy podría chuparle seis, diez veces la pinga. El sílfide sigue tirado en el sofá, con un short deshilachado cubriéndole hasta las rodillas. Recibe al amante con una sonrisa y Evaristo nota, por primera vez en tantos años, que a Ramón le faltan dos muelas. Su deseo aumenta ante la imagen decadente del hombre invisible sobre el sofá.

Juana, que ha salido de casa al último grito de "Ataja", alcanza a ver la lujuria en el rostro de su marido, antes de que éste cierre la puerta de casa de Ramón. En medio del movimiento, ella había hecho lo que sabía que no debía: estar en la calle a esa hora del mediodía. Mientras camina hacia el tumulto de gente, imagina a Evaristo sacudiendo la pinga de Ramón con las mismas manos que le toca las tetas por las mañanas. Y en su cabeza, la pinga erecta de Ramón es diez centímetros más grandes de lo que es en realidad. Algo grotesco, irreal, delicioso. Juana sacude la cabeza tratando de borrarse la imagen. Corre hasta donde está la flaca con el cuello rojo. La imagen de la pinga de Ramón la persigue. Juana ve a la flaca llorando en medio de la gente y la mujer es para ella la encarnación de la pinga dinosaurica de Ramón. Escucha cómo Onelia le está gritando estúpida a la flaca, escucha a Yoana cagándose en el corazón de la madre de la flaca, que nadie conoce pero que todo el mundo sabe que debe existir, que debe haber existido en algún momento. Evaristo se vuelve a meter la pinga de Ramón González en la boca, en el mismo momento que Juana le da el primer empujón a la flaca.

Esa tarde, nadie más volvió a pensar en el ciclista de la esquina, que no era fiana. Todo el mundo trataba de explicarse por qué Juana le tenía tanto odio a aquella flaca. "Algo le había hecho esa mujer a ella, te lo digo yo, si Juana es una pobre infeliz", le dijo Onelia a Micaela al día siguiente, mientras las dos juraban y perjuraban que la cara de aquella mujer les resultaba conocida de algún lado. Esa tarde, nadie más volvió a pensar en el de la bicleta después de que Juana mandó a la flaca para el hospital. Ramón González se vino siete veces en la boca de Evaristo. ◼

CPSIA information can be obtained
at www.ICGtesting.com
Printed in the USA
LVHW091734090721
692287LV00008B/608